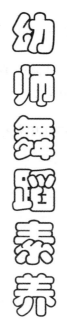

幼师舞蹈素养

陈　琛◎著

吉林人民出版社

图书在版编目(CIP)数据

幼师舞蹈素养 / 陈琛著 . -- 长春 : 吉林人民出版
社 , 2022.8
ISBN 978-7-206-19461-0

Ⅰ . ①幼… Ⅱ . ①陈… Ⅲ . ①学前教育 – 儿童舞蹈 –
教学研究 Ⅳ . ① G613.5

中国版本图书馆 CIP 数据核字 (2022) 第 254648 号

幼师舞蹈素养
YOUSHI WUDAO SUYANG

著　　者：陈　琛
责任编辑：门雄甲　　　　　　　　　封面设计：李　君
吉林人民出版社出版 发行（长春市人民大街 7548 号）　邮政编码：130022
印　　刷：三河市华晨印务有限公司
开　　本：710mm × 1000mm　　1/16
印　　张：8.25　　　　　　　　　字　　数：180 千字
标准书号：ISBN 978-7-206-19461-0
版　　次：2022 年 8 月第 1 版　　　印　　次：2023 年 8 月第 1 次印刷
定　　价：68.00 元

如发现印装质量问题，影响阅读，请与出版社联系调换。

前　言

　　20 世纪 80 年代，各国陆续提出了核心素养的概念。随着相关研究的不断深入，核心素养已成为许多国家教育改革的重要基石。本书以幼儿园教师专业素养和核心素养的关系为研究基石，通过对《幼儿园教育指导纲要（试行）》《3-6 岁儿童学习与发展指南》《幼儿园教师专业标准》《幼儿园教师国家级培训计划课程标准》等国内有关幼儿政策的文件进行归纳、梳理，结合舞蹈艺术的教育功能，总结出幼儿园教师舞蹈艺术素养培养的方法和步骤。

　　我国教育部颁布《3-6 岁儿童学习与发展指南》要求，幼儿艺术领域学习的关键在于充分创造条件和机会，在大自然和社会文化生活中萌发幼儿对美的感受和体验，丰富其想象力和创造力，引导幼儿学会用心灵去感受和发现美，用自己的方式去表现和创造美。本书尝试把这些文件精神贯穿、落实在学前教育专业舞蹈学科教学过程中。本书认为学前教育专业的舞蹈课堂教学有两个教育对象，一个是显性教育对象——学前专业学生，一个是隐性教育对象——幼儿。双重教学的目的决定了学前专业舞蹈教学的特点是紧紧抓住"师"与"幼"这两方面来进行。

　　本书紧扣幼儿园小、中、大班幼儿舞蹈活动目标来创新规划，沿着"知识积累""能力提高""素养培养"这一阶梯式的培养可按步骤进行创新设计。本书以课堂教学实践为桥梁与路径，使幼师舞蹈素养的培养操作化、策略化，而不是只停留在理论探讨阶段。以舞蹈艺术和学前教育两部分基本理论为根基，总结课堂实训的经验，以学生为主体，紧抓职业教育的特点。强化"理实一体"育人，并以"厚理论强实践"助推幼师舞蹈素养双向整合，促使学前教育学生"感受美、表现美、创造美"的能力得到提高，从而培养他们的舞蹈艺术素养，让准幼师们未来能用舞蹈艺术培养幼儿的艺术素养。

本书分为三部分内容，第一部分是幼师舞蹈鉴赏素养，第二部分是幼师舞蹈技术素养，第三部分是幼师舞蹈编教素养。本书把舞蹈能力合并成舞蹈素养，引导学前教育专业学生进行可持续的有发展性的学习，在准幼师们身上埋下素养的种子，为未来走上讲台后仍然可以自我提高艺术与教育素养打下基础。本书还适用于幼儿园教师的在职培训，以及辅助广大一线幼儿园教师的教学实践。

由于本书还存在很多不足，敬请读者批评指正。

目　录

第一章 幼师舞蹈鉴赏素养

第一节 幼师舞蹈鉴赏素养概述

为了让大家快速清晰地了解本章的整体知识结构，本节将借助图形来形象化地展示本节内容。每一张图虽然独立展示教学内容，但是图与图之间又互相有联系，共同展示本节教学内容。阶梯式理论素养培养步骤如图1-1所示。

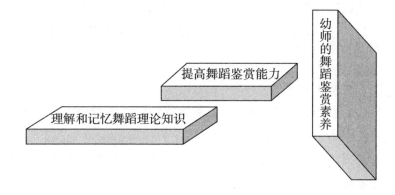

图1-1 阶梯式理论素养培养步骤结构图

在本单元的阶梯式理论素养培养步骤中，第1级台阶是理解和记忆舞蹈理论知识。第2级台阶是提高舞蹈鉴赏能力，这一步是通过用舞蹈理论鉴赏舞蹈作品的课堂实训来实现的。第3级台阶是培养幼师舞蹈素养中的第一个素养——幼师的舞蹈鉴赏素养。

一、理解和记忆舞蹈理论知识

1.读理论

不论运用多么灵活的教学手段，最终目的还是要把该记住的内容理解记忆，这才是最重要的教学手段。

2.读舞作分析

要想让大家能够理解和运用创编理论，可以列举实例，通过分析实例来帮助大家理解舞蹈理论，这是非常有效的学习手段。这部分内容是和后面的"赏"这一方法结合起来用的。

二、提高舞蹈鉴赏能力

（一）舞蹈鉴赏的意义

艺术学科教学应该是自由度很大的形象化教学，列举实例是很有效的方法。如果只是描述哪个舞蹈多么好，还是达不到教学效果的。舞蹈是形象的艺术，用"赏"这一教学方法把经典的舞蹈作品拿来鉴赏，就能充分做到形象化教学。

（二）舞蹈鉴赏的方法

（1）努力记住舞蹈作品的名字。在鉴赏舞蹈的过程中，要反复记忆名字，养成关注作品主题的习惯。

①在心里默念舞蹈作品的名字，要随时观察舞蹈作者是怎样来突出主题、塑造形象的。

②养成关注舞蹈主题的习惯，将来在创编时便可以做到不跑题。

（2）每看完一部舞蹈作品，教师都要引导学生自由讨论。教师要让学生用学过的理论知识来点评作品，学生则可以自由谈论。所以，"赏"这个教学手段是"鉴赏"而不是欣赏。

（3）鉴赏的舞蹈作品要有针对性，要符合所讲内容的理论知识。例如：讲"舞蹈的结构"时，要给每种结构形式配上一个符合这种结构的经典舞蹈作品和舞蹈动作。

（三）舞蹈鉴赏的目标

鉴赏要有3个层次的收获：

（1）看懂舞蹈；

（2）学会舞蹈中的创编技术；

（3）受到美的熏陶。

（四）舞蹈鉴赏的能力

本书系统地介绍了幼师舞蹈鉴赏素养要理解哪些知识，重点介绍了学习这部分的方法。希望这些讲解和引导，能够帮助大家，轻松学习。这一部分知识会为大家打下扎实的舞蹈理论基础，提高艺术鉴赏能力，为幼儿舞蹈创编与教学做好铺垫。

第二节　舞蹈构思与幼儿舞蹈构思

一、舞蹈构思

舞蹈既是人类文明的一种艺术形式，又是一种文化形态。本书通过引领大家学习舞蹈理论、培养舞蹈鉴赏能力，从而提高艺术素养，为幼儿舞蹈创作与教学打下坚实的基础。

（一）舞蹈构思的概念

舞蹈编导在体验、感受生活的基础上，运用舞蹈的形象思维，对所要创作的舞蹈作品，从萌芽、酝酿到成熟的思考孕育过程就是舞蹈构思。简单理解就是，要编的是一个什么样的舞蹈？怎么编？舞蹈思维的基础是动作，以及动作组成的形象，在最初的舞蹈构思阶段，就要清楚此类编舞问题。

（二）舞蹈构思的重点

舞蹈构思的重点是动情，舞蹈构思的开始，有时仅仅是一种感觉，而且纯属情感和思想性世界。舞蹈是形象思维与抽象思维的结合体。舞蹈的表现形式是动的画面，是形象化的，是直观的。而舞蹈要表达的情感和意境又是抽象的，需要欣赏者感同身受后，自己去理解和感悟。舞蹈就是一个在形象与抽象之间来回跳跃的"精灵"。今天就一起来认识这个"精灵"，看看它能不能触动你的心弦，让你跟它一起悲喜交加。

（三）舞蹈构思的方法

1. 触发灵感

如果生活中的某事、某物、某人触动了你的心弦让你动情，你就可以用舞蹈的方式，把这种情感表达出来。

2. 展开想象

艺术不能照搬生活原型，要升华生活，在生活的基础上打造幻境，这样的艺术才能打动别人。

3. 找出表现形式

用舞蹈艺术所特有的形象思维来表达你的感动，所谓的"艺不离技"，就是任何艺术都有独特的技法。放在这里就是怎样用舞蹈技法，讲清楚故事，表现情感。

（四）舞蹈构思与选材

1. 题材的概念

舞蹈题材就是舞蹈作品中所反映和表现的生活内容。舞蹈题材不是社会生活纯的客观反映，而是经过舞蹈作者融合与提炼的，体现着舞蹈作者主体情思和审美观念的生活材料。所以，大家切记，舞蹈题材首先是生活材料，然后是注入情感的主观生活材料！

2. 题材分类与风格

（1）分类就是舞蹈表现的是哪一类人的生活。例如：儿童题材、军事题材、历史题材、现实题材、爱情题材、奇幻题材，等等。

（2）风格就是舞蹈表现的是哪一类情感。例如：欢快风格、悲壮风格、抒情柔美风格、豪迈大气风格，等等。

3. 选材的原则

（1）动情热情。选择让自己动情的题材，选择自己喜爱而且有热情的题材。

（2）准确可跳。在编舞蹈之前已经知道，自己的选材可不可跳，好不好跳，要找准题材中可跳的那个"点"。而且，对生活的观察体验要有敏感迅速的反应，瞬间抓住可作为舞蹈的题材。

4.构思与题材的关系

构思与题材都是舞蹈创作初始阶段要思考的事情。构思与选材的相同点都是先动情。题材是构思的一部分，是舞蹈萌芽状态时为其选定的方向，舞蹈会在这个方向中构思下去，直到发展成熟。也可以先指定题材，在题材范围内寻找灵感，触发情感，构思下去。

舞蹈构思与舞蹈题材都是创作舞蹈的第一步。他们的共同准则就是要动情。舞蹈题材是高速路，舞蹈构思是车，先有路还是先有车都不要紧，关键是构思要精巧、要全面。《中国妈妈》和《毕业照》这两个舞蹈作品的优点就是构思精巧，题材独特。希望大家通过鉴赏，可以把理论知识转化为鉴赏能力，为后面的学习奠定基础。

二、幼儿舞蹈构思

幼儿舞蹈是舞蹈艺术的一部分，所以这部分内容，是上部分内容的延续。

幼儿舞蹈构思由两部分内容组成，第一部分是"了解幼儿"，这部分内容是引导大家了解幼儿的生理、心理特征，为幼儿舞蹈的鉴赏与创编打下基础；第二部分内容是"如何进行幼儿舞蹈构思"。

（一）了解幼儿

创编幼儿舞蹈首先要了解幼儿生理、心理特点，动作发展情况和接受水平。这样编出来的舞蹈才会有儿童的特点，不会成人化、专业化。

1.生理角度。从生理的角度上来看，幼儿骨骼较软，容易变形，肌肉纤维细、弹力小、收缩力差，容易疲劳。而幼儿的大脑发育很快，兴奋过程强于抑制过程。因此幼儿的平衡能力、控制能力、节奏能力相对比较差，但弹跳能力比较好，而且幼儿头大、四肢相对短。所以，为幼儿设计动作时，一定要从幼儿生理发展的实际情况出发，设计舞蹈动作时力求舒展，短促有力，节奏欢快，使幼儿表现得活泼可爱。

2.心理角度。幼儿的心理特征是好奇、好动、好模仿、易幻想，内心感情容易外露，注意力不集中，思维形象具体。我们要按照幼儿的心理特点，善于从幼儿的生活实践中挖掘素材。可以采用拟人化的动物动作，具有童话或科学幻想的舞蹈形式，用短小、形象、生动活泼、故事性强、情节简单、动作性强的舞蹈，培养幼儿对舞蹈的兴趣，使幼儿感到有趣、亲切、易学、易记、易接受。

（二）如何进行幼儿舞蹈构思

1.幼儿舞蹈构思的内容

（1）童趣性。构思幼儿舞蹈首先要有一个新颖别致、富有童趣的好点子，然后把这个好点子形象化地呈现出来。在最初构思阶段，就要紧抓童趣不放。

（2）教育性。构思的舞蹈要富有教育意义，弘扬真、善、美，宣扬正义战胜邪恶，这是儿童文学艺术作品共同的使命，在构思幼儿舞蹈的时候，也要遵循这个原则。

（3）可行性。设计细节和情节时，要考虑安排演出的孩子人数（男几名，女几名），还有题材中的内容适合多大年龄的孩子？需要什么样的性格？主题动作选用哪种素材？动作的难易程度适合什么年龄范围的孩子？

2.幼儿舞蹈构思的方法

（1）进入幼儿世界。幼儿舞蹈应反映幼儿生活和他们的情趣，绝不是成人舞蹈和专业舞蹈的改头换面。所以创编舞蹈时，必须深入幼儿园，在和幼儿共同生活、学习、娱乐的过程中，观察、了解幼儿的喜、怒、哀、乐和他们的爱好，舞蹈构思时结合起来，成为反映幼儿生活的舞蹈。

（2）丰富动作素材。要掌握一些民族民间舞的基本动作、韵律、风格特点，根据幼儿的思想、感情、生理特点、动作发展水平加以改变，成为适合幼儿跳的舞蹈。例如：秧歌舞两手横八字摆动，幼儿做此动作时有困难，所以改为两臂前后摆动。

这里了解了幼儿，学会了幼儿舞蹈的构思。为孩子创作的艺术作品，一定要符合他们的年龄特点，这是这部分知识的精华所在。

第三节　舞蹈结构与幼儿舞蹈结构

一、舞蹈结构

前面我们学习了舞蹈构思，如果你有了一个好构思，怎样让你的构思转化成好的舞蹈呢？舞蹈要想出现在舞台上，就需要"坚硬的骨架"。今天就来学习舞蹈的骨架——舞蹈结构。这部分知识更偏理性一些，在阅读的过程中，需要时刻提醒自己，我们研究的是艺术学科，所有技法都是为了表达、塑造艺术形象，是为欣赏者服务的。

（一）舞蹈结构的含义

舞蹈结构是作品内部各部分的组织和排列方式，是作品内容寻求形象外化的载体，其本身也具有一定的观赏价值。

（二）舞蹈结构的重要性

（1）舞蹈结构体现着整体对于局部的合理分配，即根据作品内容和形式表达的需要，使各个布局排列有序，主次分明，长短配合得当，轻重对比合理，从而达到表现形式的和谐统一。

（2）舞蹈结构体现了舞蹈编导的创作构思，所塑造的舞蹈形象，与舞蹈表达的思想情感和舞蹈语言的运用都有着密切联系。

（3）舞蹈结构是舞蹈的骨架，是舞蹈的重要组成部分。

（三）舞蹈结构的分类

1.情节舞

（1）情节舞以故事情节作为舞蹈的主线，带有叙事性。通过特定的事件塑造出具有一定性格的人物。这种类型的舞蹈结构一般是围绕所表现的某一中心事件展开，要求线索清楚，脉络分明，人物情感的发展自然流畅。

（2）情节舞的形式：引子—开端—发展—高潮—结尾。

2．情绪舞

（1）情绪舞是集中概括表现情绪的舞蹈。一般没有故事主线，也没有矛盾冲突。虽然只有简单的情节，或根本没有情节，表现的人物形象和性格都是概括的，但都以优美的形象，动态和富有变化的画面创造出意境、情绪和气氛。情绪舞主要以动作、节奏、速度和画面的对比变化来表现。

（2）情绪舞分为3类。

①三段体。运用对比手法。a/b/a，快、慢、快。b/a/b，慢、快、慢。通常是第一段陈述主题，第二段展开主题，第三段再现主题。

②两段体。运用对比手法。a/b，快，慢。b/a，慢，快。第一段陈述主题，第二段发展主题。

③一段体。不是运用对比手法，而是用重复、展开的手法来刻画舞蹈形象。

（四）舞蹈结构设计方法

（1）对比手法。这是主要创作手法。

（2）再现手法。前后遥相呼应，这种呼应起到巩固形象，加深主题印象的作用。继续把主题往深度、广度展开，把舞蹈推向高潮，起到总结和终结的作用。

（3）并列手法。用并列方法设计的结构是比较简单的结构，一般用于情绪舞，是设计两个相对完整独立、相互配合的舞蹈部分。

（4）环节设计。把舞蹈结构设计成凤头—牛腹—豹尾三个环节。凤头：开头要有个性，有吸引力，让观众瞬间进入到作品中。牛腹：发展阶段信息容量要丰富充实，故事要讲得全面，不能空洞。豹尾：精彩的结束，让人意犹未尽。这种精彩可能是干净利落，戛然而止，也可能是余音袅袅，回味无穷。

（五）舞蹈结构设计原则

（1）不要程式化。不仅要从形式上表达结构，还要考虑到自己所要表现的主题是什么，然后根据主题去寻找结构的科学性。

（2）符合事物发展的规律。既要符合内容的需要，又要符合人们欣赏的心理，一般的结构都要有开端、发展、高潮、结束。

（3）结构连接要严谨、紧凑。结构连接虽然不像动作连接那么具体，但是一定要有意象的连接。

（4）结构设计要完整。首尾联合，布局均匀。

（5）结构设计要统一。舞蹈形式与内容做到和谐统一。

（6）连接部分要自然。要顺理成章，不突兀。

这部分内容学习了舞蹈的骨架——舞蹈结构。这是舞蹈理论中易懂易记不抽象的部分。学起来虽然不难理解，但是在舞蹈鉴赏时真正用起来也没有那么容易，所以最好借助相关舞蹈，如：《采薇》《云上的日子》来消化理论知识。

二、幼儿舞蹈结构

幼儿舞蹈属于舞蹈的一部分，前一部分"舞蹈结构"的理论知识和技法，在这里也适用。这部分将重点讲解幼儿舞蹈特有的结构知识，本环节的学习内容是延续前一部分的，有很多内容是用前一部分的知识来铺垫。

（一）幼儿舞蹈结构的设计原则

本书认为，比起情绪舞的抒情抽象风格，幼儿舞更容易采用以讲故事为主线的情节舞。幼儿理解能力有限，所以幼儿舞蹈要直观，形象化。幼儿的情绪舞里面通常也会设计一些小的情节，但它不是舞蹈主线，这些小情节会让舞蹈更容易懂，更有趣，起到锦上添花的作用。幼儿舞蹈的结构安排原则，第一步是能看懂，第二步是要好看。

（二）幼儿舞蹈结构处理手法

从幼儿生活到幼儿舞蹈的过程需要运用对比、重复、夸张、美化四种手法，它们在幼儿舞蹈创编中显得尤为重要。这四种手法，是编舞者应该共同遵循的规律和艺术法则，也是一切艺术创造的规律和法则。有些编导往往不太注意运用这些方法，所以导致一些舞蹈作品缺乏变化、发展，使作品表现没有活力。

1. 对比

对比是促成舞蹈发展变化的基本方法，也是编舞的有力武器。在设计幼儿舞蹈结构时，一定要紧抓这点不放，用对比结构增强舞蹈的表现力，吸引孩子的注意力。在编舞中，如能有意识地在段与段、组合与组合之间运用有机的对比方法，往往能够环环相扣，吸引着小朋友的好奇心。舞蹈中的一切发展变化，无不是由高低、大小、长短、快慢、强弱、明暗、刚柔、聚散、松紧、进退、上下、左右、点线、横竖等对比方法参与的。编舞中如果离开了这些从结构到队形再到动作的对比，舞蹈也就不复存在了。

2. 重复

编舞中把一些具有代表性的核心内容，重复再现，对于视觉艺术的舞蹈来说尤为重要。它可以起到加深印象、强化形象和增强表现力的作用。有时候看到一些舞蹈从头到尾一大片，使人找不到脉络和主导，不能给人留下任何印象。一些舞蹈中好的组合片段，需要反复体味才能看懂，这也是人们普遍存在的一种审美要求。在最初进行结构规划时，就要考虑到满足观赏者的审美需求。重复有大小长短之分，大的重复是一个舞段的重复，就是结构重复。重复的方法，大体也有两种。

第一种：接连重复，就是被重复的对象是接连出现的。

第二种：间隔重复，就是第二次出现，是在第一次出现之后，间隔某些舞段后再重复出现，而其间隔距离，根据需要可长可短。当然，被重复的舞段不是完全不变的重复，可大体相同，但一定是有变化的重复。

3. 夸张

舞蹈需要夸张，这是由于舞蹈反映生活的特殊形态所决定的。所谓夸张，不能仅仅理解为舞蹈动作大和小的变化，在设计舞蹈结构时，就要安排好夸张的情节。在生活的基础上，运用经过艺术夸张了的舞蹈技法，尽情地渲染，使作品内容和人物情绪得到充分的表现，即凭借巧妙的结构安排，浓缩其感情，使反映的人和事具有更强烈的艺术感染力。幼儿舞蹈夸张更难，需要巧妙设计，因为孩子的思维天马行空，想吸引住他们的眼光有一定的难度。

4. 美化

这一点对于舞蹈艺术来说，十分重要。舞蹈艺术来自生活，但是它决不是生活的还原。舞蹈编导创造的艺术美，应该比生活中自然的美更深邃、更典型、更富有艺术魅力，这些必须在结构设计阶段就考虑到。比如：舞蹈《云上的日子》，就把第二段设计成了浪漫的抒情舞段，为后面的感情渲染做足铺垫。

这一部分的重点是介绍一些实用的舞蹈结构处理方法，帮助大家胜任未来的幼儿舞蹈创作工作。

第四节　舞蹈音乐与幼儿舞蹈音乐

一、舞蹈音乐

介绍过"舞蹈构思"和"舞蹈结构"，大家对于舞蹈有了初步的认识，能够了解舞蹈的大体框架了，下面来进一步认识舞蹈音乐。本节认为，舞蹈音乐具有双重身份，它既是舞蹈艺术最重要朋友，也是舞蹈艺术自身的一部分。说它是朋友，是因为舞蹈伴奏是音乐，属于另一门艺术。说它是舞蹈的一部分，是因为它不是独立的音乐，而是为舞蹈而生，依附于舞蹈，所以是舞蹈的一部分。

舞蹈音乐是不同于其他音乐形式的特殊用途的音乐。它服务于整个舞蹈作品，是舞蹈构成要素中分量最重、与舞蹈基本载体结合最紧密的。

（一）舞蹈音乐与舞蹈的结合方式

1.演绎式

（1）溯源。音乐与舞蹈可以说是一对连体儿。最原始的乐器都是为配合舞蹈节奏而产生的，如响杖或响板。如果没有"情感宣泄"式的歌声节奏，也就没有舞蹈的律动。即使是在音乐和舞蹈各自独立之后，它们之间仍有千丝万缕的联系。

（2）形式。舞蹈音乐是音乐与舞蹈最古老的结合方式，通常在基训中强调的"合节奏""卡重拍"就是为了使两者完全对应。在古典风格的舞蹈创作中，这类舞蹈音乐十分多见，有的甚至达到了分毫不差、丝丝入扣的程度。

13

2.相交式

相交式部分打破了音乐在节奏或情景上的提示，创造了一种若即若离、部分对应的相交感。一方面，舞蹈音乐作为音乐本身，其有一定的独立价值，以自己的逻辑发展旋律贯穿主线，不拘泥于舞蹈的重拍或速度；另一方面，舞蹈除了借鉴音乐的构思方法外，还打破了音乐为其提供的情境和节奏，以"吃节奏""抢节奏"等方式发展自己在动作快慢、轻重、高低上的逻辑。两方面共同作用，使音乐与舞蹈在合拍与不合拍、对位与错位之间不断碰撞，在相交中互惠互利，在不相交处保持独立完整。相交式的音舞关系已成为主流。

3.对话式

对话式音乐与舞蹈以一问一答的方式间隔表现。对话式的音舞关系是两者间平等关系的进一步体现，但这种平等往往又带有竞技的性质。比如印度古典舞中的卡塔克舞，舞者以复杂的脚部打点技巧和旋转为特色，其舞蹈音乐通常由鼓手担任。舞者先用脚点打出一段复杂的节奏来，鼓手要以鼓点马上再现出来，脚铃声与鼓声交相辉映，进行竞技对话，这种音舞对话在其他民族的民间舞中也很常见。

4.游离式

游离式音乐完全不考虑舞蹈因素，两者独立进行，平行存在。现代风格的艺术让音乐与舞蹈的内容更丰富了。游离式就是两者关系的一种新的尝试。在抽象舞蹈的一些作品中，甚至抛开音乐，只以口哨声、喘气声、摩擦声、呼吸声来代替音乐。音乐在现代舞的定义中，应该更确切地被称为"音响效果"。但无论如何，从"击石拊石"为舞蹈伴奏到电脑乐器数字接口（MIDI）为音响烘托的年代，音乐与舞蹈的关系仍旧联系紧密，也一定会继续下去。

（二）舞蹈音乐的重要性

舞蹈艺术是综合性的舞台艺术，除了舞蹈本体之外，最重要的辅助手段就是音乐。舞蹈音乐的重要性有3点。

1.辅助舞蹈动情

人们在欣赏舞蹈作品、满足视觉形象感知的同时，也融合了音乐的听觉感受，这就需要音乐与舞蹈情绪统一，让音乐起到为舞蹈烘托气氛、把舞蹈情感推向高潮的作用。舞蹈和音乐的不协调将直接影响或减损作品的完美程度，让舞蹈效果大打折扣。

2.辅助舞蹈塑造形象

塑造形象对于任何艺术门类来说，都是重中之重，对于舞蹈这种视觉艺术，更是这样。音乐在舞蹈塑造形象时，起到的是辅助形象的作用，这一点很重要。

3.辅助编导进行编舞

舞蹈在构思阶段，完全是运用舞蹈思维，但是进入到具体编舞阶段，就要结合音乐思维了。编导在创作过程中，要依托音乐来进行，因此，编导的乐感和对音乐的认识以及理解程度势必影响着舞蹈作品的优劣。

（三）音乐结构舞蹈

用完整音乐作品作伴奏的舞蹈称之为音乐结构的舞蹈。音乐结构本身并不是一个完全独立的结构，它同情节舞、情绪舞紧密相关，甚至可以说原本就是前两种结构方式的转化，只不过选材是从音乐作品而来，音乐作品的内涵决定了舞蹈作品的题材和内容，特别是选择那些著名乐曲作为舞蹈创作依据更是这样，如《扇舞丹青》。

1.创作音乐结构舞蹈的方法

编导的创作就是把音乐形象转化为舞蹈形象，使两种形象融为一体，成为视觉和听觉相统一的新的舞蹈形象。既然是以完整的音乐作品为依据来创作舞蹈作品，首先要对音乐作品有深刻的理解和认识，通过细致的分析，了解音乐的曲式结构、调性、音乐的动机旋律、节拍节奏的变化等等，在充分理解和感受中去寻找舞蹈的动感形象和舞蹈语言的编组。总之，要在尊重音乐的前提下做出舞蹈的结构设想。

2.音乐结构舞蹈的优势

这种音乐结构舞蹈的最大优势是以成功的音乐作品为依托，只要舞蹈形象转化成功，那么作品的成功率一般是较高的。因为音乐作品完整，只需要选择，不需要制作，所以这是幼儿园日常教学中常用的舞蹈选材方法和舞蹈结构。

（四）音乐形象与舞蹈形象的关系

1.音乐辅助舞蹈抓形象

舞蹈形象在舞蹈作品中是最重要的元素。可以说形象塑造成功了，舞蹈也就成功了。舞蹈作品可以没有故事情节，但是一定要有形象、有意境。在构思阶段，舞蹈形象还是比较朦胧的，到了舞蹈音乐出现阶段，音乐形象可以帮助编导细化舞蹈形象、确定舞蹈形象。

2.舞蹈形象的3个层次

（1）形象要典型，要来源于生活，而不能脱离于生活。

（2）形象要有意境，有情绪，要表达出很浓的感情。

（3）形象要动态化，用动态巩固形象。

第2个层次和第3个层次，与音乐合作才能完成。

通过这部分内容来了解舞蹈最重要的辅助手段——舞蹈音乐。重点内容是第二部分，舞蹈音乐与舞蹈的结合方式，这是实用性非常强的理论，希望大家能够把它转化为鉴赏和创编能力。

二、幼儿舞蹈音乐

前面我们认识了舞蹈音乐，在这个基础上来学习幼儿舞蹈如何选择伴奏音乐。

（一）选音乐

（1）适合幼儿。舞蹈音乐能引导幼儿对"情"的表达。幼儿舞蹈用的音乐曲调要简单流畅、动听，节奏鲜明，结构清晰，有动作性或故事性，并且乐曲适宜多次重复，为舞蹈创作提供准确的音乐形象。如果有对比乐段，对比要鲜明。音乐的开始和结尾要明显，要容易区别，能及时分辨出来，同时配合开始，改变或结束动作。在选择幼儿舞蹈音乐时，尽量选择中速音乐，可欢快地跳也可抒情地跳，并且结构要规整，还可以运用演绎式音舞结合的方法，或运用相交式音舞结合的方法。

（2）感动自己。作为幼儿舞蹈编导在选择舞蹈音乐时，还要顾及到自己。选择音乐一定要选自己有感觉的音乐，选择让你听到就想舞动的音乐，这样的音乐才能使编创的舞蹈更浓情、更深情，并且舞蹈动作与音乐能够完美融合。

（3）烘托气氛。本节认为好的音乐对舞蹈的作用既是辅助又是引导，平淡时感觉不到音乐的存在，它是辅助的作用，但到了情绪高潮处，需要引导烘托时，音乐就要淋漓尽致地烘托舞蹈情绪。好的音乐与舞蹈的黏合度高，即独立存在又融为一体。

2.选歌词

在幼儿舞蹈中，伴奏音乐有歌词和画外音，是一个很好的选择，但不是必须的选择。幼儿舞蹈用的歌词要为音乐、舞蹈提供鲜明的文学形象，必须有儿童特点和趣味性，歌词能启发幼儿对"景"的理解。选择幼儿舞蹈的歌词要短，段落要少，要顺口易记。在内容上尽量集中，不要太分散。最好能引起幼儿对生活中有关形象的联想。

第五节　舞蹈构图与幼儿舞蹈构图

一、舞蹈构图

通过前面的内容，了解了舞蹈构思、舞蹈结构、舞蹈音乐。舞蹈构思让我们意识到，舞蹈是时空艺术，它要兼顾时间和空间两个要素。舞蹈结构和舞蹈音乐提醒我们，舞蹈是有时间限制的，要在有限的时间之内，体验到艺术之美。舞蹈的哪个要素会提醒我们舞蹈是空间里的艺术"精灵"呢？答案是——舞蹈构图。本节把舞蹈构图分为两部分，一部分是无色的，一部分是有色的。无色的部分是线条，有色的部分是舞蹈的其他辅助手段。现在我们就来探讨，舞蹈怎样用点、线、面来构成画面，从而用画面来塑造形象、讲故事、表达情感、创造美。这部分内容表面上讲线条，实际上讲情感。两者都是需要记忆和理解的，缺一不可。

舞蹈构图是为了表达舞蹈表现的内容，同时也是使舞台画面成为一种富有美感的形式。

（一）舞蹈构图的重要性

（1）因为舞蹈是造型艺术，演员在舞台空间中的移动与点、线、面的交织、变化，直接关系到作品的主题思想和美感效果。

（2）凡是成功的舞蹈作品，除了具备主题鲜明、结构严谨、语言生动、新颖等优点之外，还必须具备与舞蹈作品相适应的舞台画面。

（3）讲到构图，就会非常自然地联想到绘画。尽管绘画和舞蹈都是运用形与线来构图，不同的却是一个用画笔，一个用人体。用人体"画"的图，对于舞蹈艺术之美，起到了决定性的作用。

（二）舞台的线条设计

为了能在有限的舞台空间里，按照美感的要求恰到好处地运用人的走动和停顿，下面将分别介绍舞台线条和舞台画面的情感性问题。

1. 不同的线条在移动时所呈现的基本特性及感情倾向性

直线的 3 种方向，如图 1-2 所示。

竖直线　　　　　　　　斜线　　　　　　　　横线

图 1-2　直线的 3 种方向

（1）直线。直线移动的情感倾向性是刚劲有力。

①竖直线移动给人有压力、雄壮、挺进的感觉，因而产生出刚健、强烈的效果，其力度最强。

②斜线移动给人以延伸和纵深的感觉，其力度次之。

③横线移动给人以平稳、健美、柔和的感觉，其力度最弱。

（2）曲折线。曲折线有 3 种，即斜曲折线、横曲折线、竖曲折线。它们在移动时往往给人以活跃、颤动、多变及不稳定、顿促的感觉。

曲折线的3种方向，如图1-3所示。

斜曲折线　　　　　　横曲折线　　　　　　竖曲折线

图1-3　曲折线的3种方向

（3）弧（圆弧）线。弧（圆弧）线移动适用于表现流畅、柔和的情绪，让人感到很潇洒。

弧（圆弧）线的3种方向，如图1-4所示。

横弧线　　　　　　圆弧线　　　　　　竖弧线

图1-4　弧（圆弧）线的3种方向

2.线条移动方向不同所产生的感情倾向性也不相同

（1）线条向前移动，具有延伸而临近的情感倾向性。

（2）线条向后移动，具有深远而持续的情感倾向性。

（3）线条横向移动，具有宽广而开阔的情感倾向性。

3.移动线条的舞台位置不同，其情感倾向性也不同

（1）线条位于舞台前区，使人感到突出、临近。

（2）线条位于舞台后区，使人感到深远、舒缓。

（3）线条位于舞台中区，使人感觉集中。

（4）线条位于舞台高层，表示情感倾向性强。

（5）线条位于舞台低层，表示情感倾向性弱。

4.复线条移动的感情倾向性

（1）运用于表现雄伟、壮观的场面，是几种单线条在同一时间内进行交叉移动，给人以炽热活泼、气势磅礴的感觉。

（2）对于单线条和复线条的运用，都不能盲目、机械地进行，都必须根据作品内容、环境地点、情感、节奏变化等需要，经过周密思考、反复实践，才能运用自如、合理、得当。复线条移动的方法主要有以下3种。如图1-5所示。

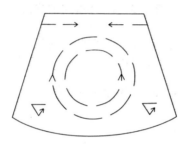

图1-5　复线条的移动方向

①右后和左后进行横线移动。

②中间两行弧线分别向两个方向移动。

③左前和右前两个三角自转。

5.不同的舞台画面（图案）象征着不同的感情色彩

（1）三角形画面给人以力量。正三角形有静态感，倒三角形有动态感。

（2）圆弧形画面给人以柔和、流畅的感觉。

（3）菱形、梯形画面使人感到开阔、宽广。

（4）S形画面能从视觉上扩大空间，给人以流动感。

（三）舞台的画面设计

编导对舞台画面进行设计时要注意以下4个方面。

1.匀称

匀称是舞台画面艺术处理的美学观念之一，也是我国传统的处理舞台画面的主要方法。"均"强调平衡规律，"称"强调对称方法。"平衡"是使画面平衡、规整、丰富。"对称"使画面协调、舒适、庄重，有明显的规整感。前、后、左、右、上、下、高、低必须以舞台中心为轴心，向四周扩展演变。

2. 聚散

"聚"指集中讲究疏密有致的变化，其手法如同文学中的重点描写，影视里的特写镜头，用于突出展示主要形象和主要情节。"散"指分散，编导要做到"形散神聚"，使画面不但能体现总体的气势，还要有助于对主要形象的烘托。

3. 对比

为使画面更引人注目、更动人，就要使用对比的手法。人物形象的主次，人物情绪的喜怒哀乐都要依赖于对比所产生的表现力来实现。高与低、静与动，相互依托和陪衬，因对比的作用得以产生舞台画面，若缺乏各种对比必有损于作品的美学意义。

4. 纵深

纵深是舞台人物调度和舞台空间的利用问题，它强调照应和层次，增加了空间感和立体感，使画面和谐统一。要使纵深因素在构图中起作用，必须依赖于对舞台空间的大与小、宽与窄、广与狭等辩证处理的平衡和对比关系的协调。由于纵深具有强烈、明显的效果，所以编导要把它作为画面艺术的一个因素加以运用。只有掌握了舞台构图的各种样式和它们所象征的感情色彩，才能灵活地加以应用。但一定要根据作品内容的需要，结合舞台空间的方位、色彩、光线、立体、平面、平衡统一的变化，以及虚实结合、气氛与节奏协调等，最终构成形象较为完美的舞台构图。

本部分讲解的是舞蹈构图中线的运用技术。线实际上就是舞蹈队形，这部分一定要从情感出发来理解和运用，"合适"才是最终法则。舞蹈作品《在水一方》和《走跑跳》就是将线条美运用得非常完美，对这两个作品进行赏析，能帮助大家加深理论理解，增强理论运用能力。

二、幼儿舞蹈构图

此部分具体介绍一些实用图形，帮助大家开阔思路，为幼儿舞蹈的赏析与创作，积累素材。

（一）认识舞台

1.舞台分为上中下3个区域

舞台分为3个区域，如图1-6所示。

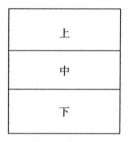

图1-6　舞台区域

2.舞台分为8个方向

舞台区域分为8个方向，如图1-7所示。

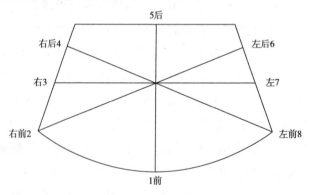

图1-7　舞台方向

3.舞台分为9个区

舞台的9个区，如图1-8所示。

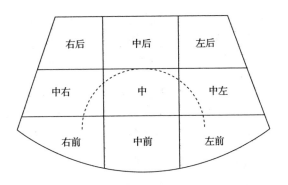

图 1-8　舞台区

（二）线的画面

1. 线条的移动形状

（1）单行队形线条

单行队形线条移动，如图 1-9 所示。

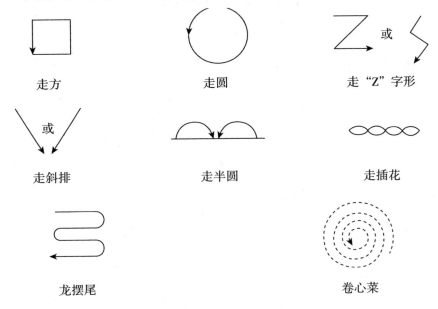

图 1-9　单行队形线条

（2）双行队形线。

双行队形线条移动，如图 1-10 所示。

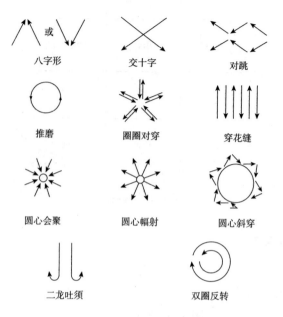

八字形　　　　交十字　　　　对跳

推磨　　　　圈圈对穿　　　　穿花缝

圆心会聚　　　　圆心幅射　　　　圆心斜穿

二龙吐须　　　　双圈反转

图 1-10　双行队形线条

2. 线的静止画面

线条的静止画面，如图 1-11 所示。

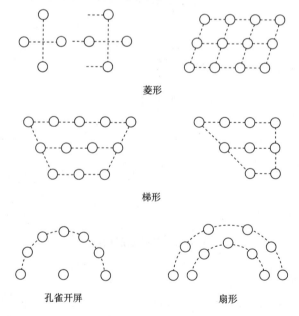

菱形

梯形

孔雀开屏　　　　扇形

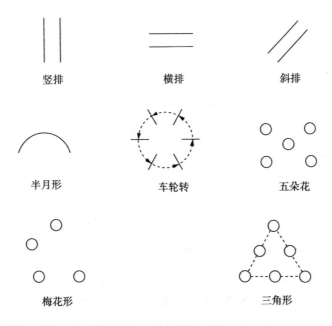

竖排　　　　　　　横排　　　　　　　斜排

半月形　　　　　　车轮转　　　　　　五朵花

梅花形　　　　　　　　　　　三角形

图 1-11　线条的静止画面

为了让大家更容易理解幼儿舞蹈线条运用，本节介绍了很多线条和图形。了解这些舞蹈线条知识，能够帮助大家今后在幼儿舞蹈的教学与创作中施展才华。

第六节　舞蹈辅助要素与幼儿舞蹈辅助要素

一、舞蹈辅助要素

舞蹈画面可分为两部分，一部分是无色的，一部分是有色的。无色的部分是线条，有色的部分是下面要学习的舞蹈的辅助要素，包括服饰、道具、灯光、布景。就像是一只手的 5 个手指，舞蹈动作是手掌，手指手掌配合默契才能使整只手操作灵活，5 个手指之间要长短相宜，否则就会影响整只手的功能。舞蹈基本载体在这 5 个方面的共同协作下，才能让舞蹈艺术完美呈现。

（一）舞蹈服饰

1.舞蹈服饰对舞蹈形象的影响

舞蹈服饰这一要素与舞蹈形象的关系是最为贴近的。经过服装设计师精心选料、裁剪、造型的舞蹈服饰，不仅表现出了舞者的体态美，还在一定程度上影响了舞蹈形象的塑造，并且舞蹈服饰与舞蹈动作之间也相互影响。一方面，服饰对肢体动作的限制，使舞蹈动作的形成受到了影响；另一方面，舞蹈动作的不断发展也向舞蹈服饰提出了新的要求。

2.舞蹈服饰在舞蹈作品中的作用

（1）标志人物身份。由于舞蹈不能用语言表达，对某些描述性、说明性的内容不容易用动作去表现，而舞蹈服饰就可以解决这方面的问题。比如舞者穿着富有民族特色的服饰，一旦舞者穿上台，就很容易判断他们将要表演哪个民族的特色舞蹈，从而更快地进入舞蹈意境。同时，还可根据服饰的差别来判断舞者所扮演的角色身份，如：皇帝穿龙袍，贫民穿布衣，神灵穿飘逸的轻纱，恶魔、巫婆穿黑色的大氅，等等。舞蹈中主角和配角的区别有时也体现在服饰上，主角的服饰较配角的服饰往往更华丽、精美，经过精心设计更加引人注目。

（2）模拟外在物态。某些舞蹈采用"象形"的手法模拟物象，托物言情。这类舞蹈作品的服饰通常也在模拟该物象外在形态方面独具匠心，尽量使舞者在外形上接近或神似于物象，使两者在观众的眼中能合二为一，从而有利于用人物本身来表现该物象所象征的精神品质。

（3）外化内在心态。巧妙地运用舞蹈服饰刻画人物的内心世界，塑造人物性格在舞蹈作品中也是常见的手法。例如：戏曲舞蹈中的翎技和袖技就具有这方面的作用。

（二）舞蹈道具

运用舞蹈道具是舞蹈中常见的增强表现力的手法，能极大地拓宽舞蹈的表现空间和表现能力。通常在一个舞蹈中，道具可以以多重身份出现，就是说，道具并不是实物实指的，它可以在不同使用方法中喻指不同的含义。比如古典印度舞中的卡塔克，最初是指那些在印度北方的庙宇中边演边唱的讲故事的艺人，其道具通常是一段布条，将布条裹在头上，就代表表演的角色是英雄；将布条缠在腰间，则代表是狡猾的恶棍；将布条披在头面部，代表美貌的少女；一手高举布条在空中挥舞则是骑马的意思……卡塔克后来成了这种舞蹈的名称，其使用的道具也保留了下来。

归纳起来，舞蹈道具主要有3个功能，即贯穿情节、象征特定的内容、构成舞蹈形式。

（三）舞蹈灯光

舞台技术发展到现今，舞台灯光的存在已远远不止于照明这一项基本功能了。对于舞蹈来说，灯光的作用，可使表演者在舞台上的视觉效果得到提升，还可以产生一些特殊的舞美效果。舞蹈灯光的作用常见的有以下3种。

（1）以不同色调对应不同人物心态。颜色作用于人的视觉，可使人产生不同的情绪。比如：红色给人热烈、激昂、危险等感觉；绿色则代表柔和、有生命力、清新；蓝色代表忧伤、抑郁、悲哀的情绪，等等。舞蹈灯光运用这些颜色对应的情绪，可以反映角色人物的内心状态，也可以提示观众进入相应的情绪状态。

（2）构建舞蹈时空感。舞蹈灯光可以并列或间歇地出现，形成类似电影"蒙太奇"切割时空的效果。表现为同一时间不同空间的两种情况，以灯光将舞台区分成两个区域，两边各自表演即可；表现同一空间但过去或将来发生的事情时，则可以利用灯光暗淡恍惚的作用，使时光倒流或超前。

（3）暗示某种舞蹈形象的存在。灯光有时也可充当舞蹈动态视象本身，配合人物交代情节，化无形为有形。这种以灯光暗示的手法，一方面节省了舞蹈"笔墨"，另一方面也很好地创造了虚实相生的意境。另外，随着现代科技的日益发达，舞蹈灯光也运用了一些高科技手段来丰富舞台。

（四）舞蹈布景

舞蹈布景是为舞蹈造境所使用的手段之一，也指舞台的场景设置。根据其在舞台上的方位，布景有天幕景（分为幻灯投影和画幕两种）、吊景、侧幕景和挡片景。舞蹈布景应以简练为佳，不宜过繁，以免喧宾夺主。巧妙的布景可以一景多用，事半功倍，布景的作用大致有以下3种。

（1）提示环境，是舞蹈布景最基本的任务，也是布景的最主要功能。布置天幕景时常打上蓝光表示天空，这就是最简单的环境提示。花、草、木、石等拟实物景片也是常见的提示环境用布景，这样的布景一般是模拟实物绘制而成。根据同一舞蹈作品，不同布景制作者可以做出不同风格的绘景。

（2）外化内在心态，这方面的布景必须由独具慧眼的置景师、舞蹈编导来选用。

（3）时空置换的作用，对布景的制作提出了较高的要求。通常可以推动正反不同的布景达到换景易地的作用，还可以在布景的遮蔽下快速替换角色出场，造成换人易时的效果。在一个舞蹈作品中，一种布景同时承担多种功能的例子屡见不鲜。所以说布景不在于华丽繁多，简约而精练又能一景多用的舞蹈布景才是考验编导和舞美设计者能力的试金石。

本部分的理论知识分为4个部分：服装、道具、灯光、布景。看起来很繁杂，实际上都是舞蹈的辅助要素。舞蹈是舞台艺术，所有舞台因素都可以成为舞蹈的助力，本部分的理论知识就是要学会怎样借力。《哈达献给解放军》《万泉河水》《春满人间》这3部作品都是辅助手段运用精彩的典范，希望大家能够理解和感悟到。

二、幼儿舞蹈辅助要素

上一部分介绍了舞蹈的各种辅助手段对舞蹈的重要性。这些手段，具体到幼儿舞蹈里面，能发挥怎样的辅助效果呢？

（一）幼儿舞蹈运用辅助要素的方法

1.写实手法

用写实手法塑造形象，直观、写实的创造真实环境，帮助舞蹈讲清楚故事。儿童舞蹈创编要求形象化，尽量创造直观易懂的舞蹈美给孩子。舞蹈模仿生活，在幼儿舞蹈中是最常见的。幼儿的抽象思维发展还不够完善，他们的想象往往是具体、直观、形象的，能引起他们注意的常常是更为有趣的形象思维，比如：舞蹈中表演者头上戴着大公鸡、老山羊、老虎的头饰去扮演这些动物，或者给演大灰狼的小朋友干脆做一条大大的狼尾巴放在屁股后摆来摆去。编导需要从富有童心色彩的生活里寻找和捕捉最有特征的典型形象，运用写实手法将表演者的肢体和服装、道具、灯光、布景，合力创造出新的舞蹈形象。

2.夸张手法

用舞蹈的夸张手法去模仿生活。幼儿舞蹈成败的关键在于是否能打造一个生动、有趣，富于童心、童真的舞蹈形象。这就需要编导把生活中的形象特征，用夸张手法表现得可爱化、艺术化，变得夸张、耀眼。利用服装、道具、灯光和布景这些辅助工具做足效果，有时候是更有效的手段。

3.烘托法

"好奇"是幼儿的心理特征，"形象"是他们的思维模式，将两者有机地结合起来，从感情着手，在设计阶段就设计好所有服装、道具、灯光和布景，让这些舞蹈辅助手段合力发挥作用烘托情绪，展开联想的翅膀，把舞蹈的情绪推向高潮，感动幼儿，使他们很快地领会意图，留下深刻的印象。

（二）辅助要素对幼儿舞蹈的重要性

1.让舞蹈发挥美育功能

舞蹈是美育的重要手段之一，它直观、形象、生动、活泼，是幼儿极为喜爱的一项活动。服装、道具、灯光和布景这些辅助手段，使幼儿身临其境，从中获取情趣和美感。可以辅助舞蹈陶冶孩子的情操，使他们从小受到美的熏陶，得到潜移默化的启迪及教育，有利于身心健康成长。

2.让舞蹈抓准幼儿年龄脉搏

高尔基在《儿童文学"主题"论》一文中说："有志于儿童文学的作家必须考虑读者年龄的一切特点，违背这些特点，他的著作就会成为没有对象的、对儿童和大人都无用的东西。"这一精辟见解，对幼儿舞蹈同样适用，因为幼儿在不同年龄阶段的生理、心理发展状况有着明显的不同，其接受能力的差异性将对舞蹈艺术产生不同的要求，这时可以通过服装、道具、灯光和布景这些辅助手段满足不同年龄段幼儿的要求。

3.让舞蹈贴近孩子的心灵

在幼儿舞蹈中，拟人的表现方式是很常见的。在孩子的心目中，万物都是有生命的，都可用人的思想感情进行交流。服装、道具、灯光和布景可以让幼儿在舞蹈中产生联想，从联想中抒发亲切的感情，这就构成了联想与真情的默契，显示了情景交融的美感。

第二章　幼师舞蹈技术素养

第一节　幼师舞蹈技术素养概述

一、幼师舞蹈技术素养步骤及儿童舞蹈

本节是训练身体的实践，和上一部分的"纸上谈兵"是不一样的。舞蹈是用身体说话的艺术，是用肢体语言来表达情感的。用舞蹈特有的技术手法来培养幼师舞蹈素养，是可行和有效的。阶梯式技术素养培养步骤，如图2-1所示。

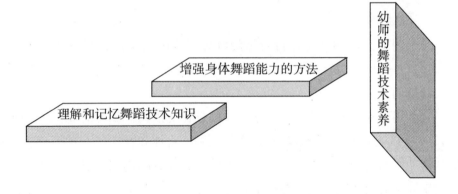

图 2-1　阶梯式技术素养培养步骤结构图

在本节的阶梯式技术素养培养步骤中，第1级台阶是理解和记忆舞蹈技术知识；第2级台阶是如何增强身体舞蹈能力的方法，这一步是通过总结课堂教学案例来实现的；第3级台阶是培养幼师舞蹈素养中的第二个素养——幼师的舞蹈技术素养。

（一）儿童常用舞

1.儿童常用舞步简介

（1）教学创新点：分类学习儿童舞步。

（2）儿童常用舞步分为4个部分：走的舞步、跑的舞步、跳的舞步、儿

童常用民族舞步。

2.儿童常用舞步的学习目的

（1）儿童常用舞步是本节所有训练项目的素材，本节的训练要借助儿童常用舞步进行。

（2）儿童常用舞步是幼儿舞蹈教学与创作的素材，会跳、会讲、会用儿童常用舞步，会对未来的幼儿园教学工作，打下坚实基础。

（二）即兴舞训练

1.即兴舞训练简介

即兴舞训练包括：即兴节奏训练、即兴舞蹈动作设计、即兴识乐训练、即兴捕捉事物形象、即兴捕捉音乐形象。

2.即兴舞训练的目的

（1）用即兴舞的训练保持身体的舞感。身体是舞蹈教学与创作的重要"工具"，只想动作是编不出舞蹈的，舞蹈动作一定是在大脑的指挥下用身体来体现的。

（2）用即兴舞的训练培养舞蹈教学与创作的能力。编舞的过程就是听着音乐一遍一遍地即兴，所以舞蹈创作是大脑、身体和音乐三管齐下、三位一体的活动。通过即兴舞能想出好点子的编导，在舞蹈创编实战中、有足够的时间反复推敲的情况下，会有更精彩的表现。

（3）用即兴舞的训练提高学生的舞蹈艺术素养。即兴舞会从节奏、音乐和形象等各个方面，全面训练学生，这些训练都是实实在在的培养学生艺术素养的有效手段，所以这一节的学习是非常重要的。

（三）儿童常用舞步与即兴舞的关系

这两部分是先后进行的。儿童常用舞步放在前面学习，是因为要把儿童常用舞步作为训练素材，来进行即兴舞的训练。而经过即兴舞的训练，大家可以更加灵活地运用儿童常用舞步教学和创作，所以这两部分相辅相成，互相助力。

二、儿童常用舞步和即兴舞的学习策略

要求大家对每一个儿童舞步，都做到熟练地跳、熟练地讲、熟练地用，集中精力听指挥，放飞自我抛弃程式，灵活而创造性地学习。

幼师们要会跳、会讲、会用儿童常用舞步，有能力用身体驾驭即兴舞这一舞蹈创作技法，这会让幼师们的舞蹈技术和艺术素养同时得到培养，为后面的教学工作打下基础。

第二节　儿童常用舞步

一、儿童常用舞步概述

儿童舞步是儿童舞蹈动作的重要组成部分，这里整理了儿童常用舞步的动作示范与要领讲解，可以指导幼师会跳、会讲、会用儿童常用舞步。

（一）常用儿童舞步的分类与优势

儿童常用舞步的分类排列，如图 2-2 所示。

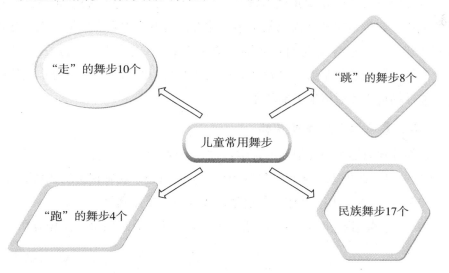

图 2-2　儿童常用舞步分类排列示意图

1.如何分类学习儿童舞步

把 39 个儿童常用舞步按照发力特点和民族来分类，一共分为 4 个部分，8 个类别的儿童舞步，分别为走的舞步、跑的舞步、跳的舞步。

2.分类学习儿童舞步的优势

儿童舞步是为孩子们选取的舞蹈步伐，跳起来很简单。但是由于步伐数量多，部分步伐雷同且容易混淆。不论对于幼师还是幼儿，都有一定的难度，所以把这些舞步进行创新性分类，让舞步变得容易记忆，让幼师们更容易整体掌握儿童舞步，为今后的运用做好铺垫。

（二）儿童常用舞步的作用

1.为幼儿舞蹈技术素养做铺垫

儿童常用舞步是幼师创编和教学的基础，后面的身体训练要运用儿童舞步作为训练素材，来训练节奏感和即兴抓形象的能力。所以幼师对儿童舞步一定要熟悉，儿童常用舞步是要上的第一级台阶，是学好后面知识的工具和帮手，这一级迈不上去，后面的台阶会很困难。

2.为幼儿舞蹈创编素养做铺垫

后面要学习"引导幼儿创编舞蹈"，这部分学习内容需要幼师自己先有章法地创编，将来在幼儿舞蹈教学中，才有能力占课堂主导地位。而"儿童常用舞步"与"引导幼儿创编舞蹈"就是文章与"字""词"的关系，"儿童常用舞步"的熟练掌握，会直接解决幼儿舞蹈动作创作中，下身步伐的问题，能够辅助大家尽情地创编舞蹈。

（三）要达到三个学习目标

这部分知识是实用性很强的，学习过程中要达到 3 个能力。

（1）"跳"的能力。舞步跳得准确生动，有童趣，能够模仿幼儿舞态。

（2）"讲"的能力。动作要领讲解准确易懂，要点熟练。

（3）"边讲边跳"的能力。能把"讲"和"跳"合理结合，互相应和。

二、走的儿童舞步

（一）走的步伐类型

走的步伐类型有：走步、鸡走步、鸭走步、踵趾步、踮脚走、踏点步、娃娃步、勾脚虚步、三步、踮步。

（二）走的步伐讲解

1. 走步

正步准备，双脚交替往前移动，收腹挺胸，膝盖尽量抬高。

2. 鸡走步

两拍一次。正步准备。第一拍左脚向前迈一步，半蹲。第二拍右脚向前迈，脚跟点地。每走一步屈膝一次。

3. 鸭走步

走步时双脚保持小八字脚位，一步一屈膝，本步伐需要配合上身的摆动，规律是向哪儿移步，身体向哪个方向倒。

4. 踵趾步

两拍完成。第一拍，右脚跟向右前方点地，同时左膝稍屈，身体略向右倾斜。第二拍，右脚尖向后点地，同时两膝直起，身体略向右后倾（也可四拍完成）。

5. 踮脚走

一拍或半拍一步。正步准备。脚跟踮起，用脚前掌左右交替行走。

6. 踏点步

两拍一次。第一拍，左脚向左或向前踏一步。第二拍，右脚掌在左脚跟后点地，同时两腿稍屈膝。换右脚做时，动作同左脚，但方向相反。

7. 娃娃步

一拍一次。左脚踏地，同时右小腿向4点钟、6点钟勾踢起，头、身体略倾斜。第二拍做对称动作，连续进行。

8.勾脚虚步（旁＋前）

两拍或三拍完成都可以。右脚向外放到地上，脚跟着地勾脚，左腿屈膝。本步伐可以做1点钟方向、2点钟方向、3点钟方向。可以双脚轮流做。

9.三步

三拍一次。第一拍左脚滑出一步，重心在左脚上。第二拍右脚前脚掌跟上，在左脚跟后踮起，重心在右脚上，同时左脚离地。第三拍左脚原地踮起，重心在左脚。右脚开始时，同左脚动作相反。向前方向做，叫"前进步"；向后方向做，叫"后退步"钟向横方向做，叫"横移步"。

10.踮步

三拍完成，第一拍左脚向左侧滑出，第二拍右脚跟到左脚后面，重心移到右脚，第三拍左脚落地，重心移到左脚。重心来回移动是本步伐的要点。

（三）走的儿童舞步课堂案例

在课堂上规范儿童舞步的前提是，学生已经自学过了。老师在同学们都已经会跳儿童舞步的基础上，按照要领规范舞姿。把儿童舞步熟练的跳下来，然后即兴的放到音乐当中去。将来在教学和创编中，幼师不用编舞步而是直接选舞步，为将来的教学和创编打下基础。

跳舞步之前上身要保持规范站姿，我们总是标榜舞蹈艺术可以在人生的初始阶段就塑造形体。幼儿教师要特别注意，除了要教小朋友们做得准确之外，在跳儿童舞的时候还要注意标准站姿，在课堂上要随时提醒小朋友。在人生的初始阶段就训练正确站姿，是舞蹈学科的责任，因为人的身体在幼儿时期最容易改变姿态，过了适当年龄以后，再塑造的话就会很慢。

为了动作整齐化一，都是右脚先起，一拍一步，连续做两个八拍。第一个八拍向前走，第二个八拍左转身向后走回去，为了保持整齐，永远左转身，每个步子都是这样要求，为下一步的训练做铺垫。其中，登山步的要领是身体要直着前行而且要前倾，脚趾和脚掌要断开。

还有一个要点是，一定要自己数拍子，边跳边数拍子。形成身体、嘴和大脑的三位一体的统一活动。这样的好处是，既可以保持全班同学速度的统一，又训练了节奏感。

走步需要注意的问题是，脚尖儿不指地板，而是放松的。听到节奏不仅要脑子耳朵反应过来，身体马上也要反应过来。碎步需要半脚尖立起来，步子密集，像是飘起来。这个步子适合启发幼儿扮演小仙女或小鸟。这样的教学是启发式的教学，现在启发准幼师们，未来她们也会启发幼儿。

三、跑的儿童舞步

（一）跑的步伐类型
跑的步伐类型有小跑步、碎步、平踏步、追步。

（二）跑的步伐讲解

1. 小跑步

正步准备，半拍一步，每拍的前半拍，左脚向前小跑一步，同时右脚离地膝微屈，后半拍右脚向前一步，同时左脚离地膝微屈。依次交替连续向前，步子应小而快，速度均匀，有弹性。

2. 碎步

正步准备，动作时，两脚脚后跟抬起，前脚掌快速小步，均匀、交替向前移动，两膝稍弯曲，放松。

3. 平踏步

一拍一步，正步准备。双腿屈膝，双脚整脚踏地，左右脚轮流向前迈步行走。

4. 追步

一拍一次。前半拍左脚向前迈一步，后半拍右脚掌在左脚后跟或侧垫一步。

（三）跑的儿童舞步课堂案例

跑的儿童舞步注意动作要严谨，转身不能占拍子，要分配好转身的具体时间。这些问题在幼师们身上都不是大问题，但是将来教学的时候，因为教学对象是幼儿，这些问题都会成为大问题。老师就要在幼儿出现问题之前，提前设计好转身以后用哪个腿，转身不能浪费时间，否则很多孩子都会乱套。

有的步伐可以选择小的移动，也可以选择原地动。比如说前面的同学原地做，这时你就可以调整步幅，灵活运用，在未来可以解决教学中的很多问题。平踏步用合适的步幅平踏出来，上身就平稳了。

跳踢步踢的这一下，脚可以放任何方向，用的最多的是2点钟和8点钟方向。所有跳的步伐对于小朋友可能还是不简单，一定要在刚开始教的时候，强调落地的时候用双脚还是单脚。分为"双起单落""双起双落""单起双落""单起单落"，这个区别很大，如果不解释幼儿不会知道。

高抬步时要尽量高抬膝盖，但是幼儿膝盖不用抬得太高，自然就可以。因为幼儿肌肉和韧带没有发育完全，不宜做过于严格的要求，避免造成损伤。

本节探索的教学模式是线上线下，互相弥补，互相助力。老师要带领大家在课堂上即兴识乐。这个即兴识乐的能力，必须老师来引导，在课堂上学会了以后，可以用老师的方法即兴练习，老师在课堂上带领同学们运用儿童舞步即兴识乐的方法，可增长大家跳舞的能力，为以后的幼儿舞蹈教学和创作打好基础。

四、跳的儿童舞步

（一）跳的步伐类型

跳的步伐类型有蹦跳步、前跳踢步、跳踢步、跳踏步、踏跳步、吸跳步、高抬步、蛙跳步。

（二）跳的步伐讲解

1. 蹦跳步

正步，双脚并拢轻轻跳起，空中直膝，脚尖自然向下，落地时用前脚掌着地半蹲，跳时要轻巧而富有弹性。

2. 前跳踢步

半拍一次，双腿轮流向前绷，脚直腿跳踢起。前跳踢时，脚面要有力，身体略后仰。

3.跳踢步

三拍完成。第一拍双脚原地跳一下，双起双落。第二拍双脚原地跳一下，双起单落。第三拍做勾脚前虚步。

4.跳踏步

四拍完成，两跳一踏，顺序是"跳跳踏空"。前两跳都是单腿后踢跳。

5.踏跳步

一拍一步，前半拍左脚踏地一步。后半拍左脚跳起，同时右腿屈膝抬起，脚尖向下。第二拍右脚开始，动作相反。

6.吸跳步

一拍一步。正步准备。左腿单腿跳起，同时右腿吸腿，绷脚脚尖向下。右腿动作相同，双腿反复交替行进。

7.高抬步

半拍一步，右腿屈膝高抬大腿，小腿自然下垂，脚尖指地板。后半拍左脚做相同动作，左右交替，连续进行。

8.蛙跳步

一拍一跳。大八字位准备。在大八字位上跳跃，落地屈膝，双膝向两侧打开，可双起双落，也可双起单落。

（三）跳的儿童舞步课堂案例

幼师可以先做脚下步伐，然后再加入上肢的配合，但小朋友不一定有这个能力。在教学的时候，小朋友可以只练习脚下步伐，或者来把手臂动作改简单。教学不是规范应该怎么做，就教小朋友怎么做，而是小朋友跳不了的时候，就要降低要求。这是我们课堂上反复强调的，幼儿舞蹈教学要从生理角度考虑。

儿童舞步与音乐配合的问题很重要。将来在幼儿课堂上带领小朋友们创编幼儿舞蹈的时候，舞步设计是否合适，小朋友跳起来是否舒服很重要。步伐运用不恰当，小朋友们可能会摔跤，所以步伐合适不合适是考察幼师的创编基本功的标准之一。

网上有关于小朋友做的儿童舞步的示范，以规范的儿童舞步作为基础，然后再去识别一下，看看小朋友跳的步子有什么样的风格，将来在教学的时候，模仿幼儿的舞蹈风格很重要。对小朋友直接进行形象化教学，让他们来模仿。这是幼儿舞蹈教学和成年人舞蹈教学最大的区别。幼儿园老师本身是成年人，但是又要把所有的动作都跳出幼儿的风格。网课上每一个步子都是有正规的做法，还有幼儿的演示。同学们需要在网课上继续加强自学。识乐训练要想进步大，主要是基于舞步熟练，然后把舞步即兴地和音乐。

我们要达到的目的是，同样一个舞步，快放音乐快做，慢放音乐慢做。动作要符合这个音乐的风格特点。民族舞的特点是舞步和音乐要统一在浓浓的民族风格里。只要上身动作和脚下舞步配合，哪个速度来配合，要看自己了。有的同学两个速度切换。动作能随着音乐切换速度，然后配合到音乐里面，说明节奏感很好。

正常情况下舞步欢快，就选择欢快的音乐来配它，或者说在用慢速音乐的时候，选择类似于慢速的舞步来配合音乐。但是现在练习的就是适应音乐的能力，所以没得选，不管是快速还是慢速，舞步和音乐都要合拍。

第三节　即兴节奏训练

一、即兴舞

即兴是舞蹈者在没有准备的情况下，用舞蹈动作反映所听到的音乐或音响，迅速勾勒出所捕提捉到的音乐形象和意境。

（一）即兴舞训练的意义

（1）有助于提高舞者对首乐的敏感度。

（2）提高舞者创作思维上的应变能力。

（3）有助于培养舞者全身心投入创作的状态。

（4）培养舞者的创作欲望和激情，激发他们的创作灵感。

（5）因为是无准备，所以即兴舞应当是一种自娱性舞蹈。但是作为培养舞者身体舞蹈能力的手段之一，它是一种行之有效的编舞方法，在驾驭音乐和身体的训练过程中，学生的舞蹈艺术素养会被逐渐培养起来。

（6）今天的学习内容，是明天的教育手段。将来学生走上工作岗位，可以直接用这些技法，培养幼儿的节奏感，提高幼儿的舞蹈能力和艺术素养。

（二）即兴舞训练的学习方法

（1）集中精力注意老师的引导。

（2）既要根据要求做练习，又要抛弃束缚，自由创作舞蹈动作。

（3）同时驾驭身体和音乐，心态不要停留在被动的接受上，而要积极地将其转化为主动的接受，在心态上得到强化训练。

（4）尽量投入情感，保持激情状态。

二、即兴节奏训练方法

（一）即兴节奏训练目的

培养编导高度集中的注意力、节奏感及应变能力。

（二）即兴节奏训练的要求

认识节奏在舞蹈动作中的重要地位。在学生注意力高度集中的前提下，动作充分吻合节奏，并体现出节奏的强弱快慢、抑扬顿挫。

（三）即兴节奏训练的方法

1.以鼓点作为主要训练手段。

2.走步＋肩＋拍手三部分配合训练

通过各种节奏的变化练习，培养学生在不同节奏中进行即兴的反应能力。掌握步伐的节奏变化，要清楚、达意、干净、利落，让人明白无误。

3.集体训练

自己做好准备工作，不看别人，尽量互不影响。

4.训练步骤分层次

一步一步加大难度，不越级。

三、即兴节奏练习

（一）走步节奏

快慢、轻重、快慢＋轻重。

（二）走步节拍

二拍、三拍、四拍、混合节拍。

（三）指定身体部位的节拍练习

1.肩与走步配合节拍

二拍、三拍、四拍、混合节拍。

2.肩＋拍手与走步配合

即兴节奏练习的目的是训练节奏感。这些节奏感的训练方法，也是提高幼师舞蹈艺术素养的手段。幼师用这些方法不仅可以提高自己的能力，还可以直接用这些方法培养幼儿的节奏感，提高幼儿的舞蹈能力。所以这些方法很重要，要让练习成为常态。经常练，每天练，循序渐进地提高艺术素养。

四、即兴节奏训练课堂案例

即兴节奏训练，最后要达到的目标就是，幼师有能力和素养驾驭幼儿园的舞蹈课堂，不仅是自己有能力创编，还要有能力驾驭课堂。现在幼儿园的艺术教育课程，特别强调培养孩子的创造性，所以幼教在课堂上，要重视小朋友的创编能力。

进行节奏训练，首先是快慢训练。同学们用脑子、耳朵、身体迅速反应，跟着老师的鼓声走步。快慢训练可以先站在原地听鼓声，如果觉得能配合上了再跟进也可以。不要盲目做动作，听好了再进入，有利于提高识别节奏的能力，这也是遵循循序渐进的教学原则。有时会出现一开始节奏卡得很好，但是到了中间，熟悉了节奏和动作，反而出现问题了。在实际的幼儿园课堂教学当中，听节奏时间长了以后，跑节奏会成为大隐患。

进行轻重的节奏训练要注意，重拍的时候脚需要故意跺地，要把轻和重区别开。节奏训练需要把听到的节奏，马上反应到脚上，再迅速用脚表现出来。进行了"快慢""轻重"的节奏训练后，还要进行二拍、三拍和四拍的分别训练。这是因为要用节拍来训练节奏感，要把单纯的轻重、快慢合并成完整的节奏感。这些训练，可提高幼师的节奏感，对未来开发和提高幼儿的节奏感有很大帮助。

在混合拍子的训练中，充分体验、对比二拍、三拍、四拍这三种拍子的不同。体验三种节奏的强弱规律，感受二拍节奏的短促、强劲；三拍节奏稳健、流畅；四拍节奏的深沉，富有叙述性。这些感受将来都会成为舞蹈创编的基础和素养。

在舞步配合拍子的基础上，再加上肩和拍手的训练，是让节奏感提升一个台阶的方法。运用这个练习需要注意手、脚、肩的配合，用跺脚、沉肩和拍手同时表现重拍，使重拍的动作突出。其中，沉肩的方法是用手臂向下带动肩膀，用这个方法可以在快速跟进节奏的时候肩也能配合上，让同学们体会到用整个身体来体验重拍和轻拍的关系。

节奏训练，先是慢练。可以先听，听清楚了以后再跟进。错了可以站在原地听，听清楚了再进。但是最后的训练目标是准确灵敏，要瞬间抓住节奏。能力增长需要循序渐进，需要过程。节奏感训练，最后是自己对自己进行训练，这点很重要。老师会引导同学从简单节奏过渡到复杂节奏，在不知不觉中增长驾驭节奏的能力。

节奏越来越快的时候，同学们选择把步子缩小或跑起来以改善节奏。但跑起来又不稳定，当老师突然放慢或者换个节奏的话，会来不及，所以把步子缩小，是合适的选择。

第四节　舞蹈动作设计

这部分的内容主要介绍创编舞蹈动作的方法，这些方法会对幼师的舞蹈创编起到指导作用。但是只记住理论还是远远不够，还需要幼师真正理解创编方法，并且在创编实训中运用这些方法，才能真正地学会编幼儿舞蹈动作。

一、舞蹈动作设计思路——动作分解变化

动作分解变化，是指在编舞的技法中寻求一种方法，将已经确定的主题动作（或者叫种子动作、核心动作）进行发展变化，拓展新的动作，使舞蹈中的动作形成一个有机的整体，将所需要的动作语言形成鲜明的个性。避免用现成动作（前人创作而被固定下来的动作）加以拼凑的现象，扭转缺乏内涵的类型化状态，去除因舞蹈语言缺乏个性而产生的陈旧感，这是各类舞蹈编导共同的追求。

二、动作分解变化的内容

舞蹈是既占有空间又占有时间的艺术，有"可视的音乐""活动的雕塑"之称。而作为舞蹈的基本单位——动作，也是既占有空间、具有可视性，又占有时间、具有节律性的。如果想用一个最简单的方法来分解某一个核心动作，至少要从舞姿、节律、力度3个方面来进行分解。

（1）舞姿，占有空间的基本样式，即动作中有相对稳定的姿态。

（2）节律，指动作进行时占有的时间，即长、短、强、弱及相互之间的关系所形成的规律。

（3）力度，也就是动作的"劲儿""范儿"。既然在动，那么从这个舞姿到那个舞姿就一定是有股力量在推动着，舞蹈动作中的力度是指这一动作中力量的主要特征。

三、动作设计的重点

（一）从一个动作演变为一整套动作

如果想从一个动作演变为一整套动作就要在分解的基础上保留一部分、改变一部分，这也是动作变化的基本方法。开始可以保留大部分，只变化一小部分，然后再加大变化成分，使观众在视觉上有延续的感觉。一般最容易变的，也是最活跃的部分。节律变化关系着音乐的变化，比如：把四二拍变成八三拍，或慢或快都可以。当然，在音乐节律不变的时候动作也可以变。但最需守住的是力度，变不好就容易"跑味儿"。当然，有些时候力度也是

可变的。不同的核心动作在某一方面可变的程度不同。总之，方法可以千变万换，应当不断尝试、不断创新。

（二）注意动作的对比

在跳舞时要注意动作的对比。动作分大小、快慢；动作时间分长短；动作方向分开体位和关体位。舞蹈动作需要注意速度、力度。创编的过程中需要注意动作的大小对比、高低对比、快慢对比、力度大小对比、节奏长短强弱对比。有了动作对比，动作才会更有生命力。

四、动作设计的方法

（一）拆分法

留住局部拆除全部，如一个整体的动作，不要手部动作只要脚下动作，或者只要手部动作不要脚下动作。

（二）重组法

对一个动作或一组动作进行分类，将拆分后的动作在同类型中进行重新组合排序。（动作的先后顺序有变化）

（三）重叠法

一个或一组动作在同一空间内或不同空间内重复使用。

（四）换方向法

舞台上有8个方向，动作也会因这8个方向而发生变化。

（五）换空间法

把舞蹈动作的空间分为3个：首先是地面动作，其次是中间的直立、行走、前进、后退、旋转等动作，最后是空中的跳跃动作。通过空间的改变，可以使得原始动作发生改变。

（六）节奏法

通过改变舞蹈动作的节奏，可以使动作发生改变。有时甚至可以突然静止，然后再强有力地完成动作。

以上几种方法交叉使用，不但能够使动作更加丰富，而且还能使主题动作始终在变化中不断再现，最终使动作更具有科学性和连贯性。

五、动作设计总结

动作不是某个人发明的，而是通过分析传统的民间舞蹈风格，以及在总结成功作品的实践基础上产生的，因此比较适合无情节的情绪舞，特别是在有特殊风格的剧目创作时经常使用。但是舞蹈动作是可分可变的，要学会变化的方法，以便在必要时灵活运用，而不是机械套用。

任何动作都是为内涵服务的。动作变化的技法只是从外在的动作形态、节律上进行研究，最终要服从剧目的人、境、情，服从音乐的风格及发展。

六、幼儿舞蹈动作的来源

（一）网络或者音像制品

有了音乐，动作从何而来呢？这时候教师可以借助网络或者音像制品，选择合适的动作，并对动作进行分析和研究，将动作"为我所用"。

（二）教师创编

有了音乐，教师可以即兴起舞，寻找音乐和动作的感觉。通常这样即兴的动作品质反而相对较高，并且动作自然，缺点就是教师在即兴的过程中容易忘记动作。所以，即兴起舞的同时，一定要注意记录。

（三）幼儿与教师共同创编

教师可以发挥幼儿自我创编的能力，引导幼儿玩起来、动起来，从他们的生活状态中，选择个性内容，进行放大和美化。

（四）对原动作进行合理改编

利用合理的创编方法对之前的动作进行改编，使其成为焕然一新的动作。

大家在复习这部分内容时，一定注意理解复习，不要只进行记忆复习。推荐大家边跳边复习理论，看看是否真正理解了这些理论，而不是仅停留在记住这些理论的层面上。

七、舞蹈动作设计课堂案例

(一) 小火车

在塑造小火车的形象时，很多同学都高举一只手臂，模仿火车烟囱，脚下用平踏步，保持上身稳定。同学们能想到这个创意很不错。选择形象很重要，同样地，一个事物在它生活中有不同的侧面，在为幼儿舞蹈捕捉形象的时候，要去抓典型形象。每个人对生活的感受不一样，所以要从不同的角度去塑造形象的不同面。在编舞的时候一定要关注，这个舞蹈当中，要抓住形象的哪几个侧重点来表现。文学和艺术是相通的，塑造形象也是这样，抓典型形象的不同侧面，就是让观众感受丰富的舞蹈形象。

(二) 小鸭子

这个案例暴露出了三个问题。第一，小鸭子的形象雷同，越是容易塑造的形象，创编的时候越没有新意。第二，暂时没有能力进一步塑造更加丰富的形象，比如老师要求创编"快乐的小鸭子"，同学们就没有思路了，一时抓不到小鸭子快乐的时候有什么特征。只能把小鸭子的动作加快。在训练过程中，这些问题很正常。师生想办法共同解决这些问题，同学们才能进步。擅长用造型的同学在塑造小鸭子形象的时候用意境和姿态造型。第三，动作设计得都很好，但是形象感稍弱，还需要再加强，因为别人在看舞蹈作品的时候，舞者没有机会用语言解释，只能用肢体语言塑造形象讲故事，所以舞蹈动作就更加重要。

(三) 小飞机

在这个课堂教学案例中，同学们设计的角色形象大部分都能做到展开双臂模仿飞机的样子。有的同学加上蹲起动作，告诉大家，这是战斗机。这些思路会为将来从事幼儿舞蹈教学的同学，打好坚实的基本功。

(四) 小青蛙

同学们抓住了小青蛙的典型形象，那就是有两个大眼睛，并且找到了塑造大眼睛的方法——用手模仿大眼睛、用手掌开合模仿眨眼睛，青蛙形象顿时就鲜活可爱了。

（五）时钟

时钟这个形象，很多同学把表盘和指针转动都模仿出来了。做法虽然不完全一样，但是都是实实在在的钟表形象。舞蹈艺术是讲究意境美的，如果同学们是初学者，还没有能力一下子达到意境美的状态，那么就先做好第一步——模仿，然后再去追求美。首先要让小朋友，知道老师编的动作是表演用的。形象要直观易懂，这是幼儿园艺术作品的最重要的一点，小朋友的理解能力没有那么强，太抽象化了以后，就失去兴趣了。

有的同学设计的"时钟"形象很贴切。有的同学设计的是两个人拉着手跳舞，模仿的是欧洲的时钟。有的同学想法很新奇，设计的是钟表没有电的时候越走越慢的样子。还有的同学同时设计了两个表盘，一个是立着的表盘，一个是平着的表盘，两个同时在走针。经过几节课的探讨，有的同学设计的形象是表盘上表针的转动，以及小朋友的生活时光，两种情景穿插，而且表现得很清楚。艺术语言、舞蹈语汇和技法运用得非常好。

在创编课堂上，一定要放飞自我，要自由地去表现，放弃不好意思和低调。创编课没有对错和好坏，只有与众不同和另辟蹊径，想办法给人耳目一新的感觉，创编就是在一个"新"字上做文章。

将来走进课堂引领小朋友创编，不但考验创编能力，还考验驾驭课堂的能力和教学能力。

另外，创编课上互评互赏是很重要的教学方法，讨论和倾听比跳和编都重要。

第五节　即兴识乐训练

音乐对于舞蹈的重要性，在"舞蹈音乐"这部分中，已经进行了讲解。今天要在实践中体会音乐对于舞蹈的重要性。

即兴识乐是在无准备的即兴状态下，快速捕捉到运动与音乐相碰撞产生的动态感觉，能够瞬间用舞蹈动作表现音乐的节奏和情感。

一、即兴识乐的方法

（一）听音乐的方法

（1）要求把心静下来，集中注意力听音乐，营造一种课堂创编的氛围。

（2）要求学生随意、自由、松弛地听音乐。坐着、站着、躺着，各种姿势均可。

（3）听音乐的心理活动有两部分。第一，辨识音乐的节奏。让学生体会在音乐节奏中身体各部位的反应，并在动作过程中感受强弱、快慢等对比与变化。第二，辨识音乐的情感。从音乐中感受此时此刻的心理活动，是优美、欢快，还是悲伤、愤怒。

（二）舞蹈动作与音乐相结合的方法

1.辨识音乐

学会在音乐里跳舞，要注意音乐的节奏、旋律及其变化。注意音乐所蕴含的情感特征，从情感特征中迅速判断音乐的风格。随即确定以某一舞蹈动作为素材，并处理好"环境关系"，树立起编创动作的信心。

2.体会音乐

培养舞者在情感上的灵敏性及瞬间想象力，提高对音乐意境和情感色彩的把握能力；培养舞者创作的热情及勇气，提高舞者训练时迅速将感性和理性有机结合的能力。

3.舞蹈思维螺旋式循环

从音乐认识过渡到舞蹈实践，再从舞蹈实践回归音乐认识，经过螺旋式循环，让学生在即兴识乐编舞这个创作环节上得心应手，使学生的艺术潜能得到充分发挥。

二、即兴识乐训练要达到的层次

第一个层次，看学生是否达到舞蹈与音乐对位，并巧妙结合。

第二个层次，看学生是否建立音乐意识、编舞意识，并能够运用这两种意识。

第三个层次，看学生是否超越了音乐，建立起舞蹈本身的肢体语言。

三、儿童舞步与即兴识乐练习

（1）即兴识乐跳儿童舞步。教师放一段儿歌，学生迅速选择合适的儿童舞步，来配合这段儿歌。（二拍、三拍、四拍）

（2）即兴识乐给儿童舞步配上手臂动作，要求这个手臂动作，要同时匹配儿歌音乐风格和儿童舞步。（二拍、三拍、四拍）

（3）运用儿歌结合儿童舞步做综合即兴识乐训练。（二拍、三拍、四拍）

（4）应用民族舞音乐配合儿童民族舞步进行即兴识乐训练。

音乐对于舞蹈有两方面辅助作用，一方面它帮助舞蹈作品表达情感，创造美，另一方面它提高了舞蹈能力和艺术素养。掌握这些技能，能够全方位地提高幼师的舞蹈能力，为未来的幼儿舞蹈教学与创作打下坚实的基础。

四、即兴识乐训练课堂案例

即兴识乐的步骤：识别是几拍音乐（二拍、三拍、四拍），用走步卡上音乐，踏出轻重，加上沉肩卡重拍，加上拍手卡重拍。训练的目的，是让幼师有能力瞬间抓住音乐的骨架——节奏，并且用身体驾驭节奏。

训练过程中会出现卡上节奏但是不稳定，节奏忽快忽慢的问题。在课堂训练过程中，三拍相对比较难。容易犯错的是抢节奏的问题。有两个方法可以帮助稳定节奏，一是把身体动作幅度加大，用身体强调重拍；二是在心里数拍子，让大脑关注节奏和速度，不走神。在训练中，如果突然找不到节奏了，需要停下来仔细辨别，不能继续赶节奏。有节奏感以后就不需要这些方法了，但是在过渡期（培养节奏感的过程中）这些方法很重要，一定要在训练中坚持使用。

现在幼师的节奏训练步骤和方法，就是未来训练幼儿的步骤和方法。所以要学会用身体卡节奏，例如走步加沉肩加拍手再去识乐。这是把大脑分成4个部分的训练——耳朵、脚、肩、手，七个部位同时训练，对幼儿的训练作用是非常巨大的。

欣赏音乐，用耳朵和大脑。即兴识乐训练用身体识乐。因为将来搞创编、教学的时候，是用身体来做示范的，所以身体对音乐的驾驭能力，是课堂上要训练的，将来为创编舞蹈动作打基础，也是课堂实训最主要的目的。

在即兴识乐的练习过程中，老师总是切换音乐，而且也不要求同学回去反复练习。因为训练的是即兴的能力，如果音乐和舞蹈合不上，是识乐能力不行，而不是对音乐不熟。在课堂上老师越是切换音乐，说明学生驾驭音乐的能力越强。

很多同学出现的问题是，转身或者改变行进方向，就会卡不上音乐。这不是节奏感的问题，而是转身增加了干扰，从而增加了难度，需要同学们适应。重点是识乐，识乐能力没问题了，可以再增加其他的能力训练。

第六节　即兴捕捉事物形象

之前赏析了很多优秀的舞蹈作品，有的作品故事构思巧妙，有的作品线条运用准确，有的作品道具画龙点睛。赏析完这些作品后，会发现他们有一个共同的优点，就是舞蹈形象打动人心，让人久久不忘。舞蹈艺术和所有文艺作品一样，最终是用艺术形象来感染观众的。下面介绍舞蹈特有的捕捉形象的方法——捕捉事物形象。

捕捉事物形象就是用舞蹈的方法模仿生活，用舞姿来塑造形象。作为舞蹈编导，只有构思是不够的，更重要的是把头脑中的形象外化，成为他人能感受到的舞蹈形象。把创作意图通过舞蹈来呈现的过程，其中最重要的环节就是捕捉事物形象。

一、捕捉事物形象的三个层次

（1）形象要典型，要和生活中的样子相像。

（2）把形象动态化，用动态巩固形象。

（3）形象要有意境，有情绪，要表达出特有的情致。

二、即兴捕捉事物形象的方法

（1）要求学生抛弃在舞蹈训练课上学到的常规性动作，寻求新的动作、新的组合、新的感觉，形成全方位的组合动作与变化舞步。学生明确教学的含义，才能自觉地运用各种方法、手段，最大限度地挖掘潜在能力。

（2）找到一个作者意图与观众都能接受的结合点。

（3）捕捉事物形象，要从相应的运动形态和运动节律中去寻找、提取。

（4）舞蹈艺术可以没有情节，但是不能没有情致意境。捕捉形象时，就要筛选准确。从捕捉到的生活形象里，创设舞蹈发展的意境。

三、即兴捕捉事物形象的重要性

首先，舞蹈语言的准确、舞蹈形象的生动精彩是编导在编舞中极力追求的，也是观赏者评价一部舞蹈作品优劣的主要标准。

其次，在即兴捕捉形象的训练中，对学生的潜意识进行创造性的挖掘，日积月累就会培养舞感，提高学生的舞蹈艺术素养。

最后，即兴捕捉事物形象的训练方法，今天可以塑造学生，明天学生就可以用这些方法塑造幼儿。这一教学活动是任重道远的。

四、儿童舞步与即兴捕捉事物形象练习

（一）要求

以儿童舞步为基础，舞者要自己数拍子。

（二）单人分层次捕捉同一形象

比如：塑造小鸭子静态形象、小鸭子动态形象、欢快的小鸭子（带情绪的舞蹈形象）、小鸭子洗澡（用带情的舞蹈形象讲故事）。

（三）多人配合分层次捕捉同一形象

比如：塑造小鸡配合的静态形象、小鸡配合的动态形象、焦急的小鸡（带情绪配合的舞蹈形象）、小鸡找妈妈（带情绪的舞蹈形象配合讲故事）。

有了前面的"即兴节奏训练""舞蹈动作设计"做铺垫，幼师们在迈向第3步台阶时，并没有觉得多么困难，而是自然而然上升了一步。

五、即兴捕捉事物形象课堂案例

幼儿舞蹈创编训练的，第 1 步台阶是节奏训练，没有音乐，不需要创编动作只有鼓声，用动作把节奏卡进去就可以了。第 2 步台阶是识乐训练，不需要编动作，用儿童舞步和走步即兴表演，快速卡到音乐中，训练对音乐的识别。第 3 步台阶是形象训练，提前发题目，同学们用老师的题目捕捉形象。这个训练没有音乐，就是同学们把形象用舞蹈动作塑造出来。这一步骤在幼儿舞蹈创编中很重要。那些让你触景生情的，喜欢的电视剧或者动漫，最后留下的都是形象。站在编导的立场来理解，艺术创作最开始打动观众的，最后留在观众记忆中的就是形象。所以进行幼儿艺术创作，一开始是构思形象，最后是塑造形象，这都需要拿出时间来进行第 3 个步骤——捕捉形象的训练。

第七节　即兴捕捉音乐形象

即兴捕捉音乐形象是借助音乐来塑造舞蹈形象，因为音乐转瞬即逝，所以即兴捕捉音乐形象就是在无准备的情况下，用舞蹈动作直接在现场反应所听到的音乐，迅速勾勒出捕捉到的舞蹈形象和舞蹈意境。这是一种编舞者要具备的舞蹈能力和艺术素养。

一、即兴捕捉音乐形象的依据

即兴捕捉音乐形象的依据是舞蹈美的 3 个层次。舞蹈美是舞蹈者在舞蹈运动中，构建的舞台意象之美。舞蹈美由表及里、由浅入深地分为 3 个层次。

（一）人体美

人体是舞蹈的物质载体。舞蹈者本身的形态是能够直接作用于欣赏者视觉感官的，是人们对舞蹈的"第一印象"。

（二）人体动态美

是在人体基础上发展的舞蹈美的第 2 个层次，这一层次有 3 个方面。

（1）在千变万化的舞蹈动态中，人们获得舞蹈信息，使舞蹈艺术形象变得鲜活、生动。

（2）舞蹈动态还表现出明显的技艺美。也就是说，那些被认为是美的舞蹈动态往往是一种超常的人体技能的展示。

（3）舞蹈动态还可以在流动的变化中给人以丰富的视觉冲击。舞蹈形式，例如：构图、路线、动静转换、高低对比、快慢结合等，使舞蹈在抽象的差异和规律中给人丰富的视觉感受，动与变本身就有美的活力存在。

（三）人体动态意象美

人体美和人体动态美并不是舞蹈艺术专有的，艺术体操和杂技都可以表现这两种美，但人体动态意象美却是舞蹈所特有的。而且，以人体美和人体动态美进一步创造人体动态意象美，才是舞蹈的要旨所在。

舞蹈正是通过人体动态意象美抒情会意，揭示哲理，阐释舞蹈美在动态意象中的升华，使舞蹈成为一门高雅的、有深度的艺术。人体美、人体动态美、人体动态意象美这 3 个层次的舞蹈美，就是我们即兴捕捉音乐形象的依据。

二、即兴捕捉音乐形象的意义

舞蹈是既占有空间，也占有时间的艺术，有"可视的音乐""活着的雕塑"之称。舞蹈作品自始至终是一切有形可见、有声可闻的综合形式。即兴捕捉音乐形象可以理解为作品的动作语言、动作形象的整体编织和创造，可以特指为编导某一作品的特殊需要而设计、创造出来的特有的动作形象。不论从哪方面理解，即兴捕捉音乐形象对于舞蹈的创作和舞蹈能力的提高，都具有重要意义。

三、幼儿舞蹈即兴捕捉音乐形象的方法

（1）幼儿舞蹈形象第一要点是童趣。要在幼儿天真有趣，奇妙多彩的生活中寻找幼儿能理解的，能掌握的舞蹈语言来塑造形象。

（2）幼儿舞蹈即兴捕捉形象的难点在于，教师或编导都已经是成年人，要尽最大的努力学幼儿、想幼儿、像幼儿。

（3）不论是选择音乐还是构思舞蹈，要尽量贴近幼儿的生活素材，离生活远的素材也要将其幼儿化、生活化。例如：童话幻想题材的舞蹈作品，在即兴捕捉形象时，要马上置换成生活中的样子，这样便于孩子理解。

四、即兴捕捉音乐形象课堂案例

（一）小花猫

有的同学创意新颖，能够用舞伴配合来塑造小花猫形象。小花猫好像是一个人，又好像是非常不一样的小花猫，这种与众不同特别重要。刚开始抓小花猫音乐形象的时候，同学们会觉得被音乐束缚住了，不像单纯抓事物形象那么自由了。随着练习增多，大家创编技术越来越娴熟，捕捉小花猫音乐形象的能力越来越强。

（二）小火车

同学对音乐的识别能力越来越强，动作反应能力也越来越强。很多同学的动作已经"舞情并茂"，虽然是即兴创编，但很多同学都将儿童舞步即兴使用。因为我们上课的目的是从不会到会，从不知道到知道，从不能到能，把这些能力和素养装到心里，可以随时拿来用。

同学们编的小火车有快有慢。生活中火车靠站就会慢下来，离开车站就会越来越快，想法很好。教学的时候，要把所有的动作都放到音乐当中去，这是第一位的。面对幼儿搞艺术创作，同学们一定要做到直观明白。不仅大人一眼就能看出来，小朋友也要能看懂，舞蹈动作准确，角色配合默契很重要。

捕捉音乐形象是在音乐当中即兴捕捉形象。这项训练第一要符合音乐要求的创作动作。第二要用艺术化、舞蹈化的创作动作塑造形象。第三就是要求音乐将生活中的事物表达清楚。有了这个能力，幼师在创编幼儿舞蹈的时候，才能抓住音乐的启发来创编动作。

（三）小老鼠

即兴捕捉音乐形象，跟单纯地捕捉事物形象不一样，必须得听音乐停才能停，就是把音乐做满。所以音乐不停，动作不能停。小老鼠这个形象并不难，但是老师给大家的音乐并不是很简单，所以即兴捕捉音乐形象的能力要在训练中逐渐得到提高。

（四）小兔子

老师要的只是一个符合音乐的小兔子形象，可是很多同学把老师的要求提高了。有的同学用舞蹈动作把小兔子的所有故事都讲完了。从节奏训练到识乐训练，不管哪个音乐响起，不管编的动作是什么，一定要跟音乐融合。

第三章 幼师舞蹈编教素养

第一节　幼师舞蹈编教素养概述

本章介绍的是幼儿自娱性舞蹈编教知识，对于幼师来说，是非常重要的。本章也包含多个素养培养创新点，我们将借助图形来形象化地介绍本章内容。

阶梯式编教素养培养步骤，如图 3-1 所示。

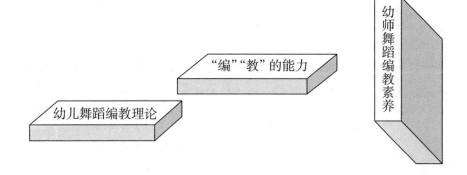

图 3-1　阶梯式编教素养培养步骤结构图

在本单元的阶梯式编教素养培养步骤中，第 1 级台阶是理解和记忆舞蹈编教理论知识。第 2 级台阶是如何增长编教能力的方法，这一步是通过点评学生优秀创作案例来实现的。第 3 级台阶是培养幼师舞蹈编教素养。

之所以在幼儿园进行自娱性幼儿舞蹈的教学，是因为其以娱乐性和教育性为主。

下面是幼儿园小、中、大班幼儿舞蹈活动目标，这张表格是将来的教学目的，也是教学能力要达到的高度，如表 3-1 所示。

表 3-1　幼儿园舞蹈活动目标

	小班	中班	大班
情感与态度	1. 喜欢听音乐，观看舞蹈、戏剧等表演 2. 喜欢模仿有趣的动作和表情	1. 能够专心地观看自己喜欢的文艺演出，有模仿和参与的愿望 2. 愿意参加律动、舞蹈、表演等活动	1. 艺术欣赏时常常用表情、动作、语言等方式表达自己的理解 2. 会产生相应的联想和情绪反应 3. 愿意和别人分享、交流自己喜爱的舞蹈艺术作品和美感体验
过程与方法	1. 学会观察、模仿小动物动作 2. 舞蹈活动中能与他人相互配合，也能独立表现	1. 能用观察、探究、模仿、记录等方法学习舞蹈 2. 会用比较的方法观察舞蹈不同的内涵表现，与同伴交流自己的感受	1. 能用语言、音乐、绘画、科学、文学等领域的相关经验和技巧辅助舞蹈学习 2. 能用联想和想象的方法创编舞蹈的动作、情节和表现情绪 3. 在舞蹈的学习中，发展形象思维和创造性思维，提高情绪感觉力
知识与技能	1. 经常模仿有趣的动作、表情和声调 2. 能跟随熟悉的音乐有节奏地做动作 3. 能用动作、姿态模拟自然界的事物和生活情境	1. 能用拍手、踏脚等动作或可敲击的物品敲打节拍和基本节奏，来表达自己的心情 2. 会跳几种民族的儿童舞蹈，能和同伴合作跳舞 3. 拥有正确的姿势	1. 能用律动或简单的舞蹈动作表现自己的情绪或自然界的情境 2. 能借助多种材料跳舞，或用不同的舞蹈表现手法表达自己的感受和想象 3. 能自编自演故事，并为表演选择和搭配简单的服饰、道具或布景

　　这个表格的教学目标，依据情感与态度、过程与方法、知识与技能 3 个方面，由简到难、由低到高，随着幼儿年龄和经验的提升层层递进，促使幼儿在原有水平上不断地提高。这个表格是幼儿教师在指导幼儿学习和编排舞

蹈过程中的标尺，是教学要达到的标准和高度。希望幼师能够有意识地把"学"知识和"用"知识结合起来。

　　本章会把前面的舞蹈理论知识，运用到幼儿园的舞蹈课堂教学中，并根据需要随时把学习思路返回到前面两章，将新知识和旧知识结合理解。

第二节　幼儿舞蹈教学设计

　　本节将从 4 个角度分析幼儿舞蹈教育理论。掌握了这些知识，幼儿舞蹈教学就有了根基。

一、幼儿舞蹈的功能

（一）认识功能

　　幼儿舞蹈是幼儿认识世界的方式之一，它是幼儿最直接的生命活动之一。对于幼儿来说，舞蹈是以美的形式，表现幼儿对整个世界的看法和态度，幼儿舞蹈能通过对美的激发直达幼儿认识的本源，帮助幼儿直观认识世界。

（二）美育功能

　　幼儿舞蹈是通过审美达到教育目的，所以美育功能要分两部分来解释，一是教育，二是审美，这两个功能是并重的，是合二为一的。

1.教育

　　通过幼儿舞蹈的艺术之美，在道德品质和思想情操上给幼儿以影响，这种教育不是以某种抽象的道德原则进行说教，而是把道德原则通过舞蹈的美育功能体现出来，使人从情感上受到感染，并发自内心地体验到这一道德原则的崇高性，最终把道德原则变为自己内在的心理需求。可以说幼儿舞蹈的教育功能，是其最重要的意义所在。历史上也有重视舞蹈的传统，因为舞蹈具有教育功能。例如：中国古时设乐师"掌国学之政，以教国子小舞""凡舞，有帗舞，有羽舞，有皇舞……"（《周礼·春官》），其目的就是利用舞蹈的教育功能，潜移默化地把一整套礼教观念灌输到思想情感中。

2.审美

原始人类之所以陶醉于狂热的舞蹈之中，就是因为舞蹈有直击情感的美。但舞蹈的审美功能并不是孤立存在的，而是结合着一种动机或一种情感为某种目的服务的。幼儿舞蹈的审美功能是指舞蹈的节奏、表情和构图给幼儿以美感，让幼儿在舞蹈过程中获得身心愉悦。幼儿舞蹈不仅感染着观看的小朋友的情感，也鼓舞着跳舞的幼儿本人的情绪，还能通过舞者与舞者之间的情绪互相影响，双方可以从强烈的节奏感中得到更大的精神满足。

所以，自古以来舞蹈的美育功能便是教育功能与审美功能结合在一起实现的。

二、幼儿舞蹈教学设计的依据

（一）幼儿舞蹈助力幼儿生理发展

幼儿舞蹈对幼儿的身体影响是最大的，同时也是最明显的，主要表现在以下2个方面。

1.幼儿舞蹈影响幼儿关节和韧带，增加幼儿形体美感，促进优雅气质的形成。

正处于生长发育时期的幼儿，经过舞蹈的动作练习（挺胸、抬头、收腹），能站得直，形体优美，动作协调，肢体灵活且富有柔韧性。幼儿通过跳舞能促进骨骼生长，使身体变得挺拔，避免弯腰、驼背现象的发生。幼儿关节周围的韧带一般不够结实，幼儿通过舞蹈锻炼，既能有效促进关节和韧带的正常生长，又能避免形成"平脚"，使身体更具有线条美感。舞蹈能够使幼儿自然而然地散发出一种乐观自信的优美气质，这为他们以后的身体健康打下一个良好的基础。

2.幼儿舞蹈能够增强幼儿免疫力

幼儿时期是人体快速发育的阶段，幼儿此时抵抗力比较弱，容易受到细菌的感染。简单的体育锻炼往往不能引起幼儿足够的兴趣，而舞蹈不仅能够锻炼身体，增强身体各方面的抵抗力，也能够培养反应能力、协调能力以及节奏感。

（二）幼儿舞蹈助力幼儿心理发展

1.幼儿喜欢参与舞蹈活动的心理基础

（1）好奇、爱美心理。幼儿时期的孩子已经表现出强烈的好奇心，以及对美的色彩、美的声音、美的形象的喜爱。在他们的眼里，舞蹈融音乐于一体，不但音乐美，而且动作很好玩，打扮得也非常漂亮，道具更是别出心裁，所以他们很想舞在其中。

（2）好动、爱表现心理。幼儿的身体正处于快速生长的阶段，其筋骨、肌肉可塑性强，这些特点使儿童天生就喜欢跑、跳、伸、拉、踢、踏、蹦、摆，等等。而舞蹈就是动作的艺术，不但可以使幼儿的运动需求得以满足，而且允许幼儿发挥创造，更重要的是能够让幼儿感受到自己的独特性。

（3）好探究、爱交往心理。幼儿对外界的人和事有较强烈的探究和交往的欲望，而舞蹈活动为幼儿提供了更多的探究和交往的机会，不但使幼儿与本班、本园的同伴建立了友谊，还能扩大他们的社交范围，与外园的小朋友成为好伙伴。因此，他们会热衷于参加舞蹈活动。

2.幼儿舞蹈对幼儿心理发展的促进作用

（1）通过对幼儿进行舞蹈训练，能够培养幼儿的想象力和创造力。幼儿往往具有丰富的想象力，他们是天生的艺术家，喜欢玩耍，对新鲜事物充满好奇心。舞蹈训练能够让幼儿发挥天性，激发他们的想象力和创造力，从而促进全面培养和塑造幼儿。

（2）通过对幼儿进行舞蹈训练，能够锻炼幼儿的意志力。意志力是影响一个人成才的关键因素。幼儿都喜欢成功、喜欢被赞扬，幼儿舞蹈教师可以通过赞扬幼儿吃苦耐劳，抓住契机对幼儿进行舞蹈训练，这样能够在一定程度上锻炼幼儿的意志力。

（3）幼儿舞蹈对幼儿品质的培养能够产生积极的作用。通过舞蹈教育，能够使幼儿在一个轻松、快乐的环境中成长，让幼儿学会用身体和表情表达自己的思想情感，这样容易使幼儿形成活泼、开朗、热情的性格。

（4）对于幼儿审美观的影响也是幼儿舞蹈训练的重要作用之一。幼儿舞蹈是比较直观的艺术，它运用肢体和表情进行表现，具有很强的感染力。此外，幼儿舞蹈往往带有诗意，具有美好的艺术造型，训练幼儿结合音乐进行舞蹈表演，能够给他们一种由内而外的美感。通过这种方式，在潜移默化中让幼儿感受舞蹈的魅力，陶冶幼儿的情操，让幼儿能够感知美、表现美。

三、幼儿园舞蹈教学活动的特点

（一）生活启蒙性

幼儿舞蹈教学的内容应来源于幼儿的生活，对幼儿进行最基本的、入门式的教育，即开发蒙昧状态，为幼儿打下基础。

（二）游戏情境性

幼儿天生爱游戏，使舞蹈教学充满游戏性，幼儿会觉得舞蹈更加有趣，进而更愿意学习。幼儿认识舞蹈是从生动、有趣的形象动作开始的。作为幼儿舞蹈教师，应带着一颗童心深入到幼儿中间去，用幼儿的眼光去观察世界，想象自然，只有这样教师才能理解幼儿表现出来的姿态、动作、表情，创编出有幼儿特点和情趣的舞蹈。

（三）活动参与性

幼儿舞蹈教学既是幼儿以身体动作来表现自己对周围世界感受的学习过程，更是教师调动每一个幼儿主动参与舞蹈活动的过程。教师应带领幼儿全身心地沉浸在舞蹈的世界里，让幼儿感受随着美妙音乐翩翩起舞的乐趣。

（四）整合发展性

幼儿舞蹈教学不能游离于幼儿文学、音乐、美术等人文教学而独立存在，否则会人为地割裂幼儿对周围世界中人和事的整体认知和整体感受；幼儿舞蹈的表现力受到幼儿对事物的认知程度和理性思维的影响，因而幼儿舞蹈不能与幼儿科学、数学等自然科学教学相分离；幼儿舞蹈的基本技能受到幼儿身体状况的影响，所以幼儿舞蹈教学不能和运动、健康相割裂。幼儿舞蹈教学不是"教幼儿学舞蹈"的教学，而是通过幼儿学习舞蹈，促进幼儿身心全面发展的教学，所以幼儿舞蹈教学应有发展的眼光，通过幼儿对舞蹈学习规律的掌握，创编新的艺术作品，促进幼儿能力的发展。

（五）过程快捷、篇幅短小

无论是从幼儿的理解力还是从其身体承受的角度来看，幼儿舞蹈都应简洁，切不可和简单画等号。幼儿舞蹈应在情绪和情节上注重单一，风格纯正，音乐形象鲜明，篇幅短小，服装和舞台布置鲜明新奇，这样的幼儿舞蹈才具有艺术生命力，才能深受幼儿的喜欢。

四、幼儿舞蹈活动设计的原则

（一）直观性原则

由于幼儿思维具有直观形象的特点，因而教师需要在对幼儿舞蹈教学时，通过设计真实、具体的场景和情境，直观、生动的形象，让幼儿在可听、可看、可感的学习情境中，自然而然地学习舞蹈，并获得美的享受。

（二）启发性原则

每个人对生活的反映都是不一样的，所以教师要在了解幼儿的经验和个性特点的基础上，询问幼儿的想法和意见，通过讨论、暗示、提问等方式启发幼儿用身体、动作、表情来表达自己对周围世界的感受，让幼儿的想象力自由发挥。

（三）趣味性原则

舞蹈活动应注意寓教于乐，以趣味为主。

（四）实践性原则

幼儿舞蹈应当源于幼儿生活又要高于幼儿生活。在舞蹈教学之前，教师首先要掌握幼儿的生活——要知道他们在想些什么，喜欢什么，讨厌什么，了解幼儿心理、生理特点以及幼儿的情感世界。

（五）保教结合原则

从生理角度来看，幼儿的身体各部位都处于生长阶段，其平衡能力、控制能力、节奏感都比较差，因此教授幼儿舞蹈动作时一定要力求动作松弛、舒展、活跃、欢快。

从心理角度看，幼儿的大脑思维处于形象思维阶段，注意力不容易集中。因此，设计舞蹈动作时，要考虑到多设计一些模拟性动作。

五、幼儿自娱舞蹈案例

幼儿律动"吹泡泡"

第 1～4 小节：根据小节，一小节一动，把右手背后，左手从胸前向身体左前方翻开，左手保持不动，右手向身体右前方翻开，左手搭在自己右肩上，右手搭在自己左肩上。

第 5、6 小节：双脚打开，手保持第 4 小节的动作不动，身体移动重心，左右摇摆。

第 7、8 小节：身体转一圈，同时胳膊伸直从头顶向下划到体侧。

第 9～12 小节：重复第 1～4 小节动作。

第 13、14 小节：重复第 5、6 小节动作。

第 15、16 小节：重复第 7、8 小节动作。

第 17、18 小节：身体向前，向左走小碎步，同时双手举到头顶，从右侧摆动到左侧，18 小节时双手静止，右脚脚尖往左前方点。

第 19、20 小节：身体向前，向右走小碎步，同时双手举到头顶，从左侧摆动到右侧，20 小节时双手静止，左脚尖往右前方点。

第 21、22 小节：重心在左腿，右脚点地，同时双手合并，做捧泡泡状，举向身体左侧，嘴巴做吹泡泡状；重心移到右腿，左脚点地，同时双手合并，做捧泡泡状，举向身体右侧，嘴巴做吹泡泡状。

第 23、24 小节：身体略向前倾，重心从左慢慢移动到右，手做水波从身体左侧移动到右侧。

第 25、26 小节：重复第 17、18 小节动作。

第 27、28 小节：重复第 19、20 小节动作。

第 29、30 小节：重复第 21、22 小节动作。

第 31、32 小节：身体转一圈，双手从头顶向下划到身体两侧，在结束时把双手背后。

幼儿歌舞表演《粉刷匠》

我是一个粉刷匠，粉刷本领强：双手交叉放在胸前，同时两腿分开，左手叉腰，右手刷墙状，同时两腿有节奏的左右摆胯，两手竖起大拇指，右腿收回与左腿并拢。

我要把那新房子刷得很漂亮：双手交叉放在胸前，同时两腿分开，双手向上方打开，左手叉腰，右手做刷墙状，同时两腿有节奏地颤膝。

刷了房顶又刷墙，刷子飞舞忙：头微微抬起，两手左右交替做刷墙状，双手同时由内向外交叉画圆，同时转圈。

哎呀我的小鼻子变呀变了样：双手食指伸出指向鼻子，同时小碎步，双手从胸前打开放在身体两侧，手心向前打开，同时右脚跺地。

幼儿舞蹈游戏《小蜘蛛》

小蜘蛛，呦呦：先围成一个大圆圈牵手站好，然后里面再围成一个小圆圈牵手站好。当唱"小蜘蛛"时里圈的牵手并向上举手，"呦呦"时放手；外圈的手与身体呈45度角并牵手，唱"小蜘蛛"时手不动，"呦呦"时向上举手。在里圈有个小朋友站中间当蜘蛛，在大圈小圈中间有3个小朋友当蚊虫，当手向上举起时，这些小朋友可以任意在圈中飞。

能吃苦，呦呦：唱"能吃苦"时里圈牵手向左晃，外圈牵手向右晃。唱"呦呦"时里圈牵手向右晃，外圈牵手向左晃。此时，蜘蛛、蚊虫只能在他们待的位置飞，不能再从圈里飞向圈外，或从圈内飞向圈外。

网子破了：里圈下蹲。外圈牵手并向上举起，此时蚊虫、蜘蛛可以在向上举手或向下放手时自由飞。

自己补：里圈站起并牵手，外圈牵手并且将举起的手放下。蜘蛛、蚊虫自由飞。

呦呦：里圈外圈一起举手（牵住）向上往中心盖，蜘蛛、蚊虫自由飞。

补得快来补得好：里圈外圈都是边踏步，边搭肩。此时蜘蛛、蚊虫只能在应有的范围飞。

苍蝇蚊子跑不掉：里圈牵手唱"苍蝇（手举起）蚊子（手放下）跑不（手举起）掉（手放下）"。外圈牵手唱苍蝇（手放下）蚊子（手举起）跑不（手放下）掉（手举起）蜘蛛、蚊虫可自由飞。

呦呦喂：里圈外圈牵手并且左右晃，此时蚊虫就不能再自由飞了，在里面的蚊虫就停在那里，蜘蛛就可以过去抱住他，就代表捉住了。

幼儿集体舞《伦敦桥》

基本舞步：点踏步两拍一步，先出左脚，右脚立即跟着左脚点地。

基本动作：排长，两人双手相垒，手向两侧摆动，舞步和动作是同时进行的。

开始位置：两人一对，面对面双手相拉。

第一段：

第1～3小节：点踏步，双手在耳旁拍掌。

第4小节：两个人相互敬礼，女孩行提裙礼，即右脚后点踏步半蹲，双手提裙。男孩右手扶胸，左手背后。

第二段：

第1～2小节：两人面对面，双手互相拍手。

第3～4小节：一对小朋友原地站立搭起拱桥，其余的小朋友在下面小碎步穿过。

第三节　幼儿舞蹈教法

本节将引领大家专门研究幼儿园舞蹈教学的教法，学习内容由"大"到"小"排列。所谓"大"是指在幼儿园里总体组织教学的方法，所谓"小"是指幼儿园舞蹈课堂上要用到的具体教学方法。

一、幼儿舞蹈教学过程组织

幼儿舞蹈的教学过程组织，是指运用"发现问题—寻找策略—解决问题"的思维过程，促进舞蹈教学实践过程创新。幼儿舞蹈活动本身就是一个思维构建的过程。"如何编排舞蹈""如何指导动作""如何被幼儿理解"都需要以系统的方法进行组织。这一方法的"建模"雏形以及最终完成都离不开过程思维。另外，还需要创新来增加教学构思的趣味性，培养幼儿学习舞蹈的热情，提升幼儿艺术水平，让他们专注于"示范"，乐于模仿和表演，并善于动脑创作。这里有4种方法供大家参考。

（一）舞蹈启动兴趣化

兴趣是产生学习倾向的重要心理因素，它是指人对现实世界的一种特殊态度，是人对学习的一种积极认识和情绪状态。兴趣是老师，是学习的动力，也是幼儿主动学习的前提。幼儿有意识控制自己行为的能力较差，学习积极性直接受兴趣支配，因此在幼儿舞蹈教育目标上应把激发幼儿的兴趣放在重要位置，在激发兴趣的基础上，让幼儿学习最基本的技能技巧。在日常生活中教师应恰当地、不断地提供舞蹈刺激，激起幼儿愉快的情绪，调动幼儿学习舞蹈的积极性，从而使幼儿的舞蹈天赋得以发挥。

具体来讲，可以在班中设立"表演区"，并在其中放置不同的头饰、彩带及幼儿喜欢的舞蹈服，通过播放音乐，让幼儿自由表演、自由创作。这样可以培养幼儿舞蹈的活动能力以及对舞蹈的兴趣。

（二）动作内容故事化

教学实践表明，在幼儿舞蹈教学中绝不能只告诉幼儿腿要伸直、手臂要伸展等，这种仅从生理角度来解释动作的方法，幼儿是无法理解与接受的，因为他们缺乏关于这种动作的经验，也不知道这样做是为了什么，幼儿在不理解动作涵义的状态下学习舞蹈就会处于茫然状态，这就有可能打击他们学习舞蹈的积极性，所以用故事语言来描述舞蹈动作情境就显得非常重要。因为有形象化的语言来支持幼儿所表演的动作，幼儿才能明白这样做动作的理由是什么，他们的情感表现才会在语言提示下表达出来。在指导幼儿学习舞蹈时，可以运用故事语言帮助幼儿深化舞蹈的表现，即在教幼儿学习舞蹈时，可以先把舞蹈内容编成故事讲给幼儿听，帮助幼儿理解舞蹈内容，促进幼儿创造性地表达各种舞蹈形象。借助语言描述舞蹈内容的方式来帮助幼儿学习舞蹈，是幼儿舞蹈教学的有效手段。

（三）教学方式游戏化

游戏是幼儿学习舞蹈的主要方式。幼儿游戏时不存在任何强制性的要求，玩与不玩、玩什么、怎么玩，都是由游戏主体自由选择并自主决定的。幼儿在游戏中经常玩角色扮演游戏，他们以自身或他物为媒介模仿人物、动物及其他事物的动作、行为、表情以及态度，还经常充当导演的角色自导自演，这就决定了幼儿舞蹈蕴含着游戏因素。因此，教师要善于借助游戏化的教学方式，让幼儿的舞蹈学习富有游戏性。游戏化的教学方式是指教师要扮演幼儿舞蹈的参与者、支持者、引导者、合作者，为幼儿设置舞蹈的游戏情境，让幼儿在游戏情境中探索、学习舞蹈。这样的教学，真正为幼儿提供了在舞蹈学习中自主学习的空间，尊重了幼儿认知的方式。让幼儿以游戏的方式去感知舞蹈表现舞蹈，不仅是让幼儿学舞蹈，更重要的是让幼儿在充满游戏化的舞蹈教学过程中，体验到生活的艺术升华，形成幼儿独特的舞蹈创作思维。

（四）学习形式协作化

平等的教学关系在教育过程中非常重要。教育过程是幼儿和教师共同参与的过程，也是幼儿和教师、幼儿与幼儿真正合作、相互作用的过程。教师在舞蹈教学中要像导演一样去启发幼儿，不是以导演的身份，去规定动作，而是要顺着故事的逻辑线索启发幼儿完成舞蹈，这样的教学才是真正的协作方式。在幼儿舞蹈教学中，教师与幼儿要针对舞蹈故事中的角色展开讨论、交流，通过不同观点与动作的补充、碰撞、修正，加深教师和幼儿对故事中角色动作的理解。

这种师幼协作的方式所产生的对话式教学，为教师进一步地启发幼儿进入深层次的舞蹈体验提供了条件，也为教师的教学过程形成多层次的、多方位的实践提供了可能。同样，在学习舞蹈的过程中，幼儿与幼儿间也有着协作。在故事化的舞蹈教学中，有些幼儿的动作思维常常是借助了其他幼儿动作，是前一个幼儿的创作思路起到了提示作用。

二、幼儿舞蹈教学常用方法

（一）示范法

根据形象性教学原则，教师先把舞蹈教材变成准确、生动、形象并富有感染力的表演。根据教材和不同的教学阶段，给出完整的示范或部分难点动作的示范。在示范前教师要注意引导幼儿仔细观察示范的重点。

（二）讲解、提示、口令法

用讲解、提示、口令这3种语言来帮助幼儿理解、感受、表达舞蹈的内容、感情和动作。讲解就是讲动作，讲舞蹈故事。提示是指在跳的过程中，教师提示幼儿动作重点。口令是指教师喊出数字或者鼓点，引领幼儿动作的快慢，帮助幼儿记忆动作。

（三）分解、组合法

把舞蹈动作中的重点、难点以及基本动作，先进行分解，然后再组合起来。运用强化原则把静止训练与流畅训练相结合，固定学生舞姿。例如：教动作先脚后手，先左后右，先上后下，然后把动作连起来教一遍。

（四）讲解、示范法

把讲解与示范这两种教法并用，以跳为主，以讲为辅。

（五）启发法

教师利用舞蹈之美，在幼儿听了音乐以后，启发、引导幼儿想象和创造，让他们用动作来表达对音乐的感受，提高他们的舞蹈表现力。

（六）练习法

让幼儿自己做动作。练习时，教师要提出明确、恰当的要求，采用全班练、分组练、个别练等多种多样的练习方法，并加以指导。

（七）观察、模仿法

对于舞蹈中难以分解、组合的动作，如：跑跳步、跑马步，教师要让幼儿观察、模仿，即由教师或动作准确的幼儿进行示范，大家跟着边看边做动作。这种方法在排练完整的舞蹈或教简单的歌舞表演时常常使用。

（八）情境游戏法

创设舞蹈故事情境，用游戏的形式进行舞蹈教学，这种方法可以增强幼儿学习舞蹈的兴趣。

（九）对比教学法

把幼儿分组教学，教师对能力强、基础好或能力弱、基础差的幼儿，进行个别教练，因材施教。

（十）讨论法

给幼儿时间，让他们互相讨论，合作学习，提高幼儿的主观能动性。

三、幼儿自娱舞蹈案例

幼儿律动《鞋匠舞》

绕绕线：两手握空拳，一前一后在胸前绕圈，同时左脚迈向左前方，脚后跟着地侧弯腰，反方向做相同动作。

绕绕线：重复第1小节动作。

拉拉拉拉：两手五指分开，曲臂在胸前左右摇摆，同时向左右弯腰。

嗒嗒嗒：两手握实拳，左拳在下，右拳在上，上下敲打。

针线穿上又穿下：左手做拿鞋状，右手做拿针状，右手从左手斜下方往上穿，再从上往下穿，重复穿两次。

新鞋做得顶呱呱：在胸前拍手两次，然后右手手臂抬起，小臂在胸前由内往外绕一圈。向正前方伸直，四指握拳，拇指翘起，反方向做相同动作。

第二段歌词：完全重复第一段歌词的动作。

幼儿歌舞表演《苹果歌》

第1小节：左脚向左方踏出，重心在左脚上，右脚虚点地，左臂在身体左侧弯曲，手指张开呈托举状。右手背于身后。

第2小节：与第1小节相反。

第3、4小节：双臂弯曲于体前，双手呈托举状，自转一圈。

第5、6小节：左手曲于胸前，手心向上，右手高举做摘取动作后，放到左手。

第7、8小节：同第5、6小节相反。

第9、10小节：双手放在胸口，左右各弯腰一次。

第11、12小节：双手由胸前分别向两边展开。

第13、14小节：双手在胸前击掌，左右各弯腰一次。

第15、16小节：双臂向前平伸与肩同宽，双手四指弯曲，拇指朝上，左右各弯腰一次。

幼儿舞蹈游戏《开火车》

第1、2小节：由一名幼儿朝3点钟方向站立，右手握拳向上举，左手弯曲架在胸前，原地小碎步。

第3、4小节：第二名幼儿上场，双手抓住其前面幼儿的腰间，原地小碎步。

第5、6小节：第三名幼儿上场，双手抓住其前面幼儿的腰间，原地小碎步。

第7、8小节：第四名幼儿上场，动作同上。

第9、10小节：第五名幼儿上场，动作同上。

第11、12小节：第六名幼儿上场，动作同上。

第13、14小节：全体幼儿小碎步前进。

第15～18小节：全体幼儿小碎步前进拐弯后并依次下蹲两次。

第19、20小节：由第一名幼儿带领小碎步围圆。

第21、22小节：由第一名幼儿带领小碎步下场。

幼儿集体舞《森林音乐节》

准备：10人围成里外两圈。

从"热闹的……里面"两人面对面站好，左右脚向左右前方脚后跟点地（两拍一动）。

从"我是……松鼠"两人手牵手跳转一圈，"我是……音乐家"重复动作。

"这边……那边拉一拉"内圈的人叉腰点头，同时外圈人脚下做蹉步，左手叉腰，右手高举左右摇摆，绕面对面（内圈）人转一圈。

"这边……那边拉一拉"内圈人重复外圈人动作，外圈人重复内圈人动作。同时内圈的人向左移动换舞伴。

重复以上动作。

结束，两人相对牵手面对面点头。

第四节 律 动

一、律动概述

本部分是关于律动的，主要内容是介绍律动的理论知识，引领大家认识律动。只有了解了律动的基础知识，才能研究怎样教律动，怎样领着幼儿编律动。

（一）舞蹈律动的含义

从字义上讲，律动可解释为有韵律节奏的身体动作。我们把由音乐节奏激发情感，同时又把情感变为有节奏的舞蹈动作的表现称之为舞蹈律动。

（二）舞蹈律动教育探源

瑞士音乐教育家达尔克罗兹于 1902 年创作了"律动舞蹈体操"，自从有了正规的教师与教材，这套律动舞蹈体操于 1910 年～ 1914 年传播至世界各地。当时的律动并不被看作一种艺术表演形式，而只是进行艺术教育的一种手段和方法。达尔克罗兹所倡导的律动教育的主要内容是通过人体有情感、有节奏的舞蹈，表现出各种高低、速度、力度不同的音乐内容，这对幼儿的早期舞蹈教育具有非常重要的意义，因此律动成为幼儿园向幼儿进行音乐、舞蹈教育不可或缺的内容。舞蹈律动对早期舞蹈教育有着重要意义，这里的"早期"具有两层含义，一是"人生的早期"，二是"学舞蹈的早期"。

（三）幼儿律动

1.幼儿律动的定义

幼儿和着音乐节奏，有规律地重复做一个或一套动作，称为幼儿律动。在幼儿园里又称为听音乐动作，即幼儿听了音乐，敏感地领会音乐节奏、内容，自觉地产生一种与音乐节奏内容相适应的情感，这种情感自然而有节奏地通过身体动作与姿态表达出来。

2.幼儿律动的分类

幼儿律动分为基本动作和模仿动作两大类。

（1）基本动作。包括运用身体各部分，如：头、手臂、手指、腿、脚、腰等做出的动作，以及由走、跑、跳、跃、滑等组成的各种简易步法。

（2）模仿动作。包括模仿日常生活、成人劳动、动物、自然、乐器演奏、交通工具、新的科学成就等。这些模仿动作都是幼儿在日常生活、游戏、学习中接触到的，为幼儿所理解，是幼儿喜爱的动作。

3.幼儿律动的教育意义

（1）幼儿律动是幼儿园音乐教育中不可缺少的方法之一。通过大量的各种律动训练，能培养幼儿的节奏感、辨别音乐声音的高低、强弱、快慢、长短的能力以及音乐感受力，为学习音乐舞蹈奠定基础。同时，律动也能更好地促进幼儿思维的内化。

（2）幼儿律动是幼儿舞蹈最基本的组成部分。律动与舞蹈的关系好比砖瓦和大厦的关系。三四岁的幼儿对音乐的高低、强弱、快慢的辨别力差，节奏感不强，动作的协调性也差，只有通过律动的训练，才能发展舞蹈动作的正确性、连贯性、协调性和优美性。

（3）幼儿能通过律动产生对音乐的兴趣，并增长生活知识。律动和劳动技能，是幼儿十分喜爱的一项活动。

（四）幼儿律动案例

《小公主》

本作品的名字是《小公主》，作品的第一个优点是第一时间用服饰来抓准小公主的形象。要知道，小公主和小女孩或小仙女在形象上会有点模糊，但是编导用服饰聪明地解决了这个问题。演员们一上台，观众就看到了小公主的形象。作品的第二个优点是跟随歌词内容丰富小公主的形象，表现不同侧面的小公主。整部作品充满了温馨的氛围，与小公主的气质形象很贴合。

《大风车》

本作品的名字是《大风车》，这部作品并没有在第一时间就运用典型的风车形象，而是先塑造了好朋友的形象。第一段快结束的时候，陈老师对风车形象不够典型，稍稍有点失望。但是编舞的同学利用间奏音乐稍长的优势，在间奏里面塑造了典型的风车形象，把这部作品推向了优秀作品的行列。编舞的同学运用反复塑造形象的技巧，正是我们上课讲过的。这说明她基础理论扎实并且能够活学活用。如果说有什么遗憾的话，就是胸前的风车图案太不明显。幼儿舞蹈的服饰道具一定要夸张醒目。

二、幼儿律动教学

本部分内容分两方面来讲，一是幼儿律动课堂教学设计，主要讲述解决一节幼儿律动课整体设计的问题；二是幼儿律动课堂教学方法，主要讲述具体教幼儿律动的教学方法。

（一）幼儿律动课堂教学设计

1. 幼儿律动课堂教学设计的依据

（1）依据幼儿园的培养目标。

（2）依据幼儿的身体和心理特征。

（3）依据幼儿律动内容特点和教学情境。

（4）根据教师的个人特点与教学风格。

2. 幼儿律动课堂教学设计的内容

（1）课堂队形。

排队：指幼儿按顺序站好。

队列：分为原地队列和行进队列。

队形：是指在队列的基础上所做的各种队形变化。队形分为图形行进，队形变换、散开和靠拢。

排队、队列及队形练习，可以培养幼儿的组织纪律性和集体主义精神，能够促进幼儿的身体发育。

（2）舞蹈动作。教律动时，要随着幼儿年龄的增长，从易到难循序渐进。4岁以下的幼儿，以基本动作类律动为主，他们对音乐的高低、强弱、快慢的辨别力差，节奏感不强，动作的协调性也差。因此要先从拍手、点头等最简单的动作教起，接着再教一些简单的上肢动作，如打鼓、吹喇叭等，最后教幼儿走步、碎步等基本动作和鸟飞、兔跳等模仿动作，使幼儿在简易而有节奏的动作中逐步理解音乐的旋律和节奏。4 岁以上的幼儿对音乐有一定程度的辨别能力，动作也比较灵活、协调，他们能根据音乐的变化而变换自己的动作，并能在集体活动中调整自己的动作。在教授 4 岁以上的幼儿时，以模仿动作类律动为主。

3. 幼儿律动课堂教学结构设计

（1）教学导入时，用音乐创设情境。教动作前要先让幼儿听乐曲，注意启发幼儿对乐曲的想象力。例如：学鸟飞可先听鸟飞的乐曲，引导幼儿注意"听"，并启发幼儿"像"什么东西在活动。也可由教师边唱边示范动作，使幼儿初步理解小鸟飞的音乐的性质和特点。教动作时教师可以边唱、边示范、边讲解、边带领幼儿练习。

（2）教学过程，用角色扮演动作启发法抓住幼儿兴趣。在带领幼儿练习动作时，要使幼儿明白所做动作的意义，让他们知道自己是在学鸭子走路，还是在学兔子跳等。教师还可以启发幼儿联想到生活中鸭子走路、兔子跳的样子，使幼儿有感情地表演动作和创作自己的动作。

（3）复习律动时，融入即兴舞教学。复习律动时，教师可以不告诉幼儿律动的名称，经常变换乐曲，让幼儿自己听音乐来判断该做什么动作。乐曲可用幼儿所熟悉的，也可用性质相同但幼儿没有听过的，以检查幼儿是否能根据相同性质的音乐做不同的动作，培养幼儿能及时改变动作的灵活性。

（4）教学尾声，运用感受法。用舞蹈和音乐的艺术之美来渲染课堂，对学生进行感受美和表现美的美育教育。

（二）幼儿律动课堂教学方法

1. 游戏法

教师有时要采用游戏的口吻教幼儿动作。例如：教授屈膝动作时，教师可以用拍皮球、揪弹力绳、弹钢琴等来比喻，让幼儿边游戏边练习屈膝动作。待幼儿初步学会动作以后，再让他们跟着琴声练习；练习时教师可提醒幼儿注意按音乐的变化进行活动。

2.示范讲解法

示范舞姿让幼儿模仿，同时讲解动作要领。教师的语言指示要逐渐减少，还要训练幼儿跟着不同的音乐做不同的动作，让幼儿随着音乐的快慢、强弱、高低等变化，做出不同的动作反应。

3.数拍子

通过数拍子，把舞蹈动作分解，帮助幼儿迅速记住动作，同时培养幼儿的节奏感。

4.对比法

将规范、好看的舞姿与不规范、不好看的舞姿进行对比。对比法可以激励舞姿不规范、不优美的幼儿努力改进。在运用对比法时要恰当且适度，切不可打击幼儿的积极性。

5.分小组教学

对不同水平的幼儿，运用不同的方法教学，做到因材施教。

（三）幼儿律动案例

《兔子跳跳跳》

本作品的名字是《兔子跳跳跳》，选这个主题，编导有两个聪明之处：一是小兔子是个容易塑造的形象，二是跳跳跳很容易表现。我们看到，演员们从开始跳到结束，变换不同的跳法来塑造形象。郭锐同学把我们课堂上讲的，从塑造形象到深化形象这些创编技术，都运用自如。真棒！另外编导还运用头饰锦上添花，使得整部作品俏皮可爱，富有童趣。

《快乐"嗨"起来》

本作品的名字是《快乐"嗨"起来》，这个主题单一又宽泛，很好编，而且音乐特别欢快，动感很强。能选题这么准确，本身已经证明，编导创编基本功扎实，在选题时已经为后面整个创作做了铺垫，有走一步看三步的本领。为了烘托快乐气氛，编导让两位演员频繁交换位置，这个点子运用得恰到好处，体现出编导驾驭音乐的能力很强。

《小二郎》

本作品的名字是《小二郎》，编导一开始就用手抓书包带的动作，表明了学生的身份。再加上红领巾和书包等饰品辅助塑造形象，妥妥地抓住了形象。编导选的是一个传统主题，这个主题并不新颖，但是它具有强大的教育功能。编导把这样的主题编得清新优美，丰富感人，真正做到了寓教于乐，这样的作品会对幼儿的成长起到积极作用。

三、引导幼儿创编律动

（一）幼儿律动创编方法

1.确定幼儿律动内容

（1）幼儿律动是对幼儿进行舞蹈教育的一项教学活动，属于舞蹈教育的组成部分，为幼儿身心全面发展提供了生动、广阔的舞台，有助于小朋友们培养性格和陶冶情操。因此，在内容选择上应具有一定的教育意义。坚持正面形象教育，善于从幼儿生活中寻找那些美的、善的形象，感染他们，使他们在愉快的歌舞活动中受到良好的教育。

（2）前文我们只强调幼儿舞蹈要符合幼儿的年龄特点，但在这里研究的是具体的课堂教学，所以符合大、中、小班幼儿的年龄特点就显得非常重要了。幼儿的成长是快速的，因此，在幼儿舞蹈教学中要抓准教学对象的年龄问题，从生理上确定幼儿舞蹈教学的内容。

（3）选材要来源于孩子们本身的生活。

2.为幼儿律动选择音乐

音乐是舞蹈的声音，舞蹈则再现了音乐的形象。音乐的选择，是幼儿律动创编的重要环节。

（1）选择符合舞蹈内容的音乐。选择的音乐要服从舞蹈内容的需要，应为更好地表现舞蹈内容服务。因为，音乐与舞蹈共同担负着塑造艺术形象和表现舞蹈内容的任务，舞蹈动作的发展变化是通过音乐节奏来体现的。音乐本身是独立的，而舞蹈的内容同样是独立存在的，两者合而为一，水乳交融，才能更好地表现舞蹈内容。

（2）选择有鲜明音乐形象的音乐。选择的音乐要有鲜明的音乐形象。音乐形象为塑造舞蹈形象奠定了基础，是舞蹈形象创造的依据。一首歌曲或一首乐曲，它都具有音乐形象，而歌曲的歌词，则体现更具体的形象，同时还赋予舞蹈一定的动作感。

（3）选择易被幼儿接受的音乐。选择易被幼儿接受的音乐，这是由幼儿的年龄特点决定的。乐曲对于幼儿来说较为抽象，他们不能理解，歌词相对简单，更易于理解。因此，我们应该选择乐曲短小、歌词简单、节奏明显、乐句规整、旋律优美、有感染力、易被幼儿理解的音乐。

3.为幼儿律动设计动作

（1）动作素材的来源。

①幼儿生活是动作产生的源泉。设计舞蹈动作时，应注意动作的形象化，给幼儿以准确的艺术形象。幼儿生活中的动作经过加工、提炼、精心雕琢，则可成为舞蹈的动作。例如：捋一下袖子，跺跺脚，跑一跑，跳一跳，都是舞蹈动作编排的源泉。这些动作来自孩子们本身的生活，反映了孩子们天真、活泼的性格，富有生活的气息，孩子们做起来也很亲切。

②丰富的幼儿常用舞步。幼儿常用步法，是动作编排的基础。步法的使用，为幼儿歌舞开辟了广阔的天地。各种不同的舞蹈步法，与幼儿天真、活泼的性格融为一体。在幼儿歌舞的动作设计中，运用步法是主要的手段之一，不同的步法有不同的特点和风格，运用过程中，可体现出各异的情绪和情感，这就丰富了幼儿舞蹈的艺术创作。

（2）幼儿律动动作的设计方法。

前文说过，幼儿律动是由一个动作或一套动作反复重复组成的。所以动作重复的设计方法，是幼儿律动动作设计的核心。下面介绍两种动作重复的方法。

①单一动作重复编法。单一动作重复编法是将一种模仿动作音乐节奏化，形成完整的动作形象，进行重复练习。在编排过程中，首选是创造精准的动作形象，提炼出典型的舞蹈动作，将动作同音乐节拍、速度结合在一起，使这个动作能够反复进行。

②组合动作重复编法。组合动作重复编法，是通过音乐节奏将几个动作

组合，表现一个完整形象的模仿动作过程。在创编中，要表现的形象由动作构成，它所表现的是过程的内容。

（二）幼儿律动记录法

为了帮助我们记忆、收集、创编、教练和交流舞蹈，我们必须懂得幼儿舞蹈的记录法。它是一种通过文字、曲谱、图示等来说明舞蹈作品全貌的书面记录，一般由舞蹈名称、内容简介、音乐、动作说明、队形、舞蹈美术等部分组成。

1.舞蹈名称

写在中间。

2.内容简介

这个舞蹈讲述了怎样的故事，表达哪种情感。可以加入编导的创作意图。

3.音乐

一般采用有主旋律的简谱，并注明调号、拍子、速度、表情等演奏上的要求，较长的乐句要注明小节数，如 [5]、[9]……表示。注意，要写清楚反复记号。

4.动作说明

左面写音乐节数，右面写动作的做法，对照起来写。写动作力求简明扼要，但要能说明问题。一般先写起步的脚，再写手臂、躯体、头部的动作。要写清动作的方向，如：上、下、左、右、前、后，等等。如果后面的动作方向同前面的方向相反，只要写动作同 ×× 小节，方向相反（或写动作与 ×× 小节对称）。在做动作前有前奏音乐，或者有预备姿势的记录时，都应一一说明。有些模仿动作，除写明它的具体做法外，还要写清楚表达的是什么。例如：双臂伸向胸前，双手半握拳做勒马状等。

5.队形

把舞蹈队形画下来，还需要注明移动方向。

6.舞美

对舞蹈用到的服饰、道具、布景、灯光等情况进行说明。

（四）幼儿律动案例

《快乐的一天开始了》

下面我们将对比赏析两部律动作品。这两部作品有一个共同点，就是主题相同，它们的名字都是《快乐的一天开始了》。这两部作品虽然主体相同，创编体裁也都选择了律动，但是从具体的动作编排到对队形设计，再到头型设计都风格迥异，所以塑造出来的学童形象很不一样。看得出两位编导完全是按照自己的思路去理解这个主题，这点非常好。两位编导都能熟练驾驭律动的创编技巧，他们都用动作重复的方法塑造了形象，而且两部作品都跳得生动活泼，舞情并茂。

第五节　歌舞表演

一、歌舞表演概述

前面的幼儿舞蹈理论中，笔者曾阐述过舞蹈是综合性的艺术，幼儿舞蹈更是需要与音乐、美术等其他艺术相结合，才能发挥更大的作用。这里我们要探讨的，就是一个把舞蹈和歌唱结合起来，用于幼儿园课堂教学，从而培养幼儿艺术素养的话题："幼儿歌舞表演"。

（一）幼儿歌舞表演的定义

幼儿歌舞表演就是幼儿在歌曲演唱中，配以简单形象的动作、姿态、表情，表达歌词的内容和音乐形象，边唱边表演。它是一项综合了音乐、舞蹈、戏剧等艺术的教学活动。歌唱活动是幼儿园音乐教学中最基本的内容，它在幼儿园的教育活动中，有着较稳固的地位。而幼儿歌舞表演教学活动是在传统歌唱教学活动的基础上，教师引导幼儿体验感受，并用自然的声音与肢体语言表达自己的情感。其特点是以演唱为主，动作表演为辅，用声音和形象共同表达感情。

（二）幼儿歌舞表演的意义

幼儿歌舞表演可以提高幼儿的歌唱能力和表演能力。通过歌舞表演，幼儿可以加深对歌词的理解，从而提高幼儿的语言表达能力和理解能力。歌舞表演可以使幼儿加强舞蹈动作与音乐的协调配合，发展幼儿对音乐的表现力、感受力和想象力，还可以增强幼儿对舞蹈动作的记忆力。

（三）幼儿歌舞表演课堂教学活动的特点

1.思想情感性

幼儿期是个体一生中生理、心理发展的重要阶段。音乐对于幼儿大脑发育来说是良好的营养剂，不仅可以提高幼儿的思维能力和想象力，还可以陶冶幼儿的情操。幼儿歌表演作为音乐舞蹈在幼儿艺术教育中的重要载体，能够真实地反映幼儿的思想感情，对幼儿健康快乐成长起着重要作用。

在日常的生活中可以发现，幼儿听到轻快、熟悉的音乐，就会有所反应。音乐能很快地吸引幼儿的注意力，这是因为优美动听的歌曲往往蕴含着丰富的情感，它极易感染幼儿的心灵，加之幼儿的情感易于被激发，容易与音乐产生共鸣。在教学中，教师应引导幼儿主动参与音乐活动，让幼儿在愉快的音乐氛围中以强烈的情绪和肢体语言表达自己的感情，满足幼儿的心理需要，培养幼儿活泼、乐观的性格。

音乐活动具有开放性，不拘泥于形式。幼儿歌舞表演是幼儿歌舞的初级形式，主要目的在于加强音乐、舞蹈的协调配合，培养幼儿的理解力。歌舞表演使幼儿在自然的状态下，不仅学习了音乐、舞蹈的基本技能，还在对歌词的理解中，提升了认知能力与理解能力，对善、恶、美、丑有了初步了解，这对幼儿的世界观、人生观、价值观的形成具有重要作用。

2.艺术融合性

幼儿歌舞表演活动的突出特点是艺术融合性。幼儿具有好奇心重、好动、爱模仿的年龄特点和以形象思维为主的心理特征。幼儿歌舞表演的艺术融合性使其能够适应这些特点，满足幼儿的需求。

（1）歌唱。歌唱是人类送给自己最好的礼物，通过歌唱，人类的精神得以表达和升华。幼儿积极参加音乐活动，便能接触到人类丰富、细腻的情感，这将在幼儿心理方面产生无可比拟的影响，使幼儿的情感表达方式更为直接，想象力更加突出。

在幼儿歌舞表演活动中，歌唱作为整体氛围的塑造者，对幼儿的影响至关重要。首先，歌唱可以在特定情境下，帮助幼儿理解、记忆某些知识。其次，歌唱的表现力非常强，每一首歌曲的旋律、节奏、力度、速度等都不同，向我们表现的情绪也不同，幼儿在真正理解音乐情绪的基础上，再以自身的动作表现出来，能够激发幼儿的想象力。

（2）舞蹈。瑞士音乐教育家达尔克罗兹说过，人类的情感是音乐的来源，而人的情感通常是由人的身体动作表现出来的，每个人都有发展、感受和分析音乐与情感的各种能力。幼儿通过感知，可以将自己听到的音乐传入大脑，这样就会产生一种特殊的情感体验，增添幼儿的兴奋情绪和积极动力。歌舞表演将歌唱活动融于舞蹈之中，让幼儿在歌唱中感受音乐、理解音乐、创编动作，从而使幼儿在情感上获得美的享受。幼儿歌表演以唱为主，舞蹈为辅，同时舞蹈的加入为所演唱歌曲增添了更多的表现，为幼儿提供了身心协调发展的机会，两者相辅相成，使幼儿对美的认识更进一层。

（3）戏剧。在幼儿歌舞表演中，幼儿常常会融入歌曲的角色中，在唱歌跳舞的同时，享受角色扮演的乐趣。夸张的表情、兴奋的声音、投入的动作，都是幼儿对艺术的真实表达和反馈，同时也给观者带来一种愉悦享受。此外，幼儿可以互相影响，共同提升对艺术的感知能力。艺术是幼儿表达自己的认识和情感的重要形式，要让幼儿大胆表达自己的情感、理解和想象。在歌表演教学中，教师要让幼儿自主地去感受，发挥想象力与创造力，体验表演的愉快过程。

（4）文学。歌曲通过歌词传递作者的思想感情，因此幼儿歌表演具有文学性。幼儿以形象思维为主，所以儿歌歌词都简单明了、容易理解。幼儿在歌表演过程中，通过熟记歌词，能够掌握正确的语音，发展理解能力与分析能力。

综上所述，幼儿歌舞表演具有多种艺术相融合的特点。音乐、舞蹈等艺术互相促进，通过歌舞表演的形式把幼儿的听觉、视觉充分调动起来，把无形的声音同无声的形态动作结合起来，把抽象的音乐同具体的舞蹈结合起来，弥补了歌曲视觉上的不足和舞蹈听觉上的不足，增强了幼儿对音乐艺术的感受，使幼儿身心得到愉悦发展。

3.趣味情境性

歌舞表演寓教育于娱乐之中，是广受幼儿喜爱和适合幼儿学习的一种歌舞形式，在唱一唱、跳一跳、玩一玩的过程中，让幼儿去感知音乐、体验音乐、表现音乐，具有较强的趣味性。幼儿歌表演常常采用夸张、拟人等表现手法，这对幼儿产生强烈的吸引力、感染力和说服力，让幼儿从中获得巨大的快乐。有趣的儿歌和朗朗上口的歌词不仅能满足幼儿的兴趣，更是将文字与音乐、舞蹈完美结合，在综合的强化记忆中使幼儿牢记文字知识，达到开发幼儿智力、拓展知识的目的。

（四）歌舞表演与表演唱的区别

歌舞表演与表演唱是有区别的。表演唱是以唱为主，适当做一些动作来表达唱歌时的感情。歌舞表演则是在幼儿掌握歌曲旋律和歌词之后，在理解歌曲性质的基础上，用动作来帮助表达歌曲的内容和性质，因此，边唱边表演实际上就是幼儿的舞蹈。

（五）幼儿歌舞表演案例

《小红帽》

本作品的名字是《小红帽》，首先，用头饰辅助塑造小红帽的形象，开头设计得很精彩。其次，一组的同学一个是大灰狼，一个是小红帽；二人的配合很默契。这些设计虽然都很小，但是巧妙贴切，起到画龙点睛的作用。

《蜜蜂做工》

本作品的名字是《蜜蜂做工》，本作品的优点是，编导除了运用服饰来塑造小蜜蜂的形象，还巧妙地设计了花朵当布景来突出做工的主题。有花摆在舞台上，小蜜蜂的动作就很容易被理解成采蜜了。所以，两个扮演花朵的同学虽然没有动作，但是为整个舞蹈的内容表达起到了重要的烘托作用，花朵提示我们这个舞蹈主题是蜜蜂做工，而不仅仅是可爱的蜜蜂。这是编导的独具匠心之处，值得大家学习。

《花仙子》

本作品的名字是《花仙子》，这个歌舞表演的优点是角色设计巧妙合理，既清楚地塑造了花仙子和花两种形象，又交代清楚了花仙子和花的互助关系。整部作品温馨优雅，沁人心脾，充分展示了编导对于肢体语言的设计能力，也展示了编导扎实的创编基本功。

二、歌物表演教学

幼儿歌舞表演的教学是综合教学，不仅包含舞蹈，还包含了音乐、文学和戏剧。因此，为了更好地理解文本内容，此部分先具体介绍教学步骤与方法，再介绍教学活动的设计与组织。

（一）幼儿歌舞表演教学步骤推荐

1. 准备工作

教师选好教材以后要唱熟歌曲，练熟舞蹈，并分析该教材的教育意义、特点、动作的难点和重点，还要熟练掌握和幼儿相反方向的示范动作，仔细考虑好该教材分几个课时教完，并明确每节课的教学内容、要求和步骤，准备好必要的教具或器材。

2. 欣赏歌舞表演

教师向幼儿介绍歌舞表演的名称、故事内容、风格和情绪等特点以后，要让幼儿观摩歌舞表演，使他们对教学内容有完整的印象，引起他们学习舞蹈的兴趣和愿望。可以由教师来示范表演，也可以播放视频资料，还可以请学过该舞蹈的幼儿来表演。要多次观看完整或部分的舞蹈表演。

3. 学会唱歌

幼儿学习歌表演的第一步是先学会唱歌。

4. 教练舞蹈

教师要根据舞蹈教材的特点、幼儿的动作水平及具体条件，创造性地、灵活地运用各种方式方法，较快地教会幼儿舞蹈。

（1）教动作

①教动作前要将幼儿排成合适的队形。教低年龄的幼儿或教邀请舞时，

一般采用圆形或半圆形，以便于教师照顾。教中、大班幼儿或教比较复杂的动作时，可采用横排、几路纵队、双层半圆形等。总之，采用的队形以使幼儿能看清动作、弄清方向为原则。对舞蹈动作较差的幼儿要有意识地将他们排在舞蹈动作好的幼儿后面，便于他们模仿。

②多示范。幼儿的模仿经常先有动作后有思维，所以幼儿学习舞蹈动作时，主要看教师示范和模仿教师的动作，在和教师一起练习的过程中，掌握复杂的舞蹈动作。教师示范时，应当把整个舞蹈用正常的速度示范一遍，让幼儿获得完整的印象，引起学习的愿望。第二次示范时要放慢速度，对动作进行启发性分析和讲解，讲清动作的方法和要领，使幼儿明确预备姿势、动作的方向、路线、手脚和全身动作的配合，眼睛注视的方向等。示范时一般站在幼儿对面做反方向的动作，有时要背向幼儿做同方向的动作。比较困难的动作，可以先进行练习；需要手脚配合的复杂动作，可以将手脚动作分开教，最后再将手脚动作连贯起来教学。为了帮助幼儿较快地掌握新动作的要点，教师要尽量利用幼儿已经学过并掌握的动作，指出新动作与学过的动作之间的相同和不同之处。

③在讲解动作时，语言要有启发性，要生动形象、简单明了。为了帮助幼儿理解和体会动作的意义和特点，可以做些生动的比喻。

④教幼儿练习动作时，开始时的速度要慢一些。一定要利用口令，如"一二三四"，或提示"脚跟脚尖跑跑跑"，等等。细致的动作学会后，就可以过渡到跟着音乐做动作。

（2）练队形

①练队形的关键是让幼儿清楚自己的位置，以及与其他幼儿之间的关系。例如：谁在前，谁在后，谁在左，谁在右；某个动作完成以后，应向哪个方向转动；变成某种队形需经过或绕过谁；等等。对年龄小且分不清左、右的幼儿，教师可以在地上画记号，帮助他们掌握自己的位置。变换队形比较复杂，对幼儿不能要求过高，以免影响他们学习舞蹈的积极性。

②练队形时可以先教会一个小组的幼儿，然后为全班作示范，带动全班一起练习。在练习的过程中，教师应及时提示幼儿怎样改变路线及位置。有些幼儿左、右不分，两人对面做相同动作时，常会弄错方向，教师可让幼儿

一手持彩带、串铃等，提示幼儿空手做什么动作，拿彩带或串铃的手做什么动作，尤其是在做转圈交换位置等动作时。

（二）幼儿歌舞表演教学活动设计与组织

1.幼儿歌舞表演教学活动的组织结构

（1）三段式结构。三段式的音乐教学是一种比较传统的音乐活动组织结构，即把音乐活动分为开始部分、基本部分和结束部分。这种组织结构在很长一段时间里被幼儿园音乐教育活动普遍采纳，是一种科学有效的组织模式。一般在开始部分最常见的活动是律动、节奏与声音练习等，这些活动与新授活动内容相关，目的是给学习新内容做铺垫；基本部分是遵循幼儿学习的特点，安排新授活动或者在已有基础上加入新的富于挑战性的内容，目的是引起幼儿的兴趣；结束部分最常见的是复习韵律活动、幼儿歌舞表演，或者自然过渡到幼儿活动的下一个环节，目的是加深对已学内容的印象与感受。这样的活动设计内容既有重复又层层递进，符合幼儿的发展特点。

（2）渐进式结构。渐进式结构没有明显的划分界限，而是围绕新内容来组织安排活动结构。这种结构以突出主题，激发幼儿兴趣为导入目的，逐渐地进入新作品的感受和学习活动，每一个步骤都可以建立在幼儿已有经验和新形成经验的基础上，运用歌舞表演、律动、音乐游戏相融合的方式呈现教学活动。

2.幼儿歌舞表演教学活动设计要点

（1）制定符合幼儿年龄特点的教学目标。《3～6岁儿童学习与发展指南》明确提出，要和幼儿一起发现美的事物的特征，感受和欣赏美。教师在设计活动时首先需要熟知幼儿的年龄特点：幼儿会被好听的声音吸引，有喜欢听音乐或观看舞蹈表演的兴趣；幼儿喜欢模仿有趣的动作表情和声音，愿意主动参加歌唱、舞蹈等表演活动，能通过即兴哼唱、即兴表演或给熟悉的歌曲编词来表达自己的心情。因此，幼儿歌表演教学活动的目标应该从情感态度、过程与方法、知识与技能三个维度进行制定。

（2）根据幼儿心理发展的特点，创设适合的教学氛围。《幼儿园教育指导纲要》中指出："幼儿艺术活动的能力是在大胆表现的过程中逐渐发展。"幼儿歌舞表演活动作为一种情感艺术，能够让幼儿在亲身体验与表达中认识音乐的重要性。教师要为幼儿创设自由宽松的学习氛围，提供更多情感体验与表达的机会，鼓励幼儿主动参与，大胆表现，积极体验自己的情感。教师引导幼儿观察自然、生活中的各种现象，在教学中运用易于动作表现的歌词，让幼儿根据已有的经验边演唱边做动作来表达自己对歌曲的理解。有情境、有趣味的教学氛围才具有感染力，才能更好地引起幼儿情感的共鸣，被幼儿理解和接受。所以教师要根据幼儿心理发展的特点，创设适合的教学氛围。

（3）根据幼儿学习发展的过程，设计适合的教学步骤。幼儿对音乐很容易表现出自发的热情和兴趣，并且往往带有强烈的情绪色彩，但一般停留在"好玩"的水平上，这种兴趣容易转移同时也容易产生波动。为了达到将浅层兴趣提高到有一定深度的动机水平，我们需要从幼儿学习发展的特点出发，在教学活动中设计合适的教学步骤。在幼儿歌舞表演教学活动中，通过让幼儿自己创编新的歌曲内容及表演动作，感受自主的快乐、成功的快乐，使他们在自我欣赏的基础上进行兴趣的转化。这样的做法符合《幼儿园教育指导纲要（试行）》提出的"教师的作用应主要在于激发幼儿感受美、表现美的情趣，体验审美愉悦和创造的快乐，丰富他们的审美经验，使之体验自由表达和创造的快乐的指导"。

（4）根据幼儿歌表演教学活动的特点，设计主次分明的教学环节。幼儿歌舞表演活动的特点在前面已经提到：以歌唱为主、舞蹈表演为辅。幼儿歌表演教学活动也是如此，因此在设计教学环节时就需要突出重点、主次分明，以演唱理解音乐为主，舞蹈表演作为辅助，加深幼儿对歌曲的理解。当幼儿听到音乐而情不自禁手舞足蹈时，教师在鼓励幼儿的积极性的同时，要引导幼儿将无意识的动作发展为有韵律感的表现，活跃幼儿的思维，丰富和激发幼儿的想象力，开拓幼儿的创作思路。

（5）注重幼儿的个体差异。每个幼儿都有自己的声音，因此教师在教学设计中，提供给幼儿学习的歌曲要以开放性为主。首先，引导幼儿独立思考、大胆创新，发表自己的独特见解。其次，根据幼儿的个体差异进行创编并留有探索创编的余地。例如：改编歌词，根据歌曲创编动作，用不同的形式、感情、速度演唱歌曲等，这些在很大程度上可以促进幼儿创造性的发展。

（三）幼儿歌舞表演案例

《蝴蝶》

本作品的名字是《蝴蝶》，本作品的优点是分角色表演了蝴蝶在花丛中飞舞的优美画面。因为分角色表演设计得巧妙合理，所以创编者没有很费劲就塑造了亲切的蝴蝶和美丽的花朵两种形象。这种身临其境的美感，对小朋友是很有吸引力的，因此这种创作手法未来在幼儿园会很实用，很值得大家学习。

《小兔子乖乖》

本作品的名字是《小兔子乖乖》，这部作品的优点显而易见。它不但运用分角色的创作方法，而且直接把作品设计成了微型的歌舞剧。对于故事复杂的歌曲，这样设计是很聪明的。作品从舞台调度到动作表演，再到服饰辅助，都体现出编导的认真态度和驾驭舞蹈创编技术的能力。经过编导的巧妙构思，使得传统题材变得很新颖，一点也不枯燥。

《5只小猴子》

本作品的名字是《五只小猴子》，本作品大胆地选用英文歌曲，而且用舞蹈动作和画面技术把歌曲的意思表达得明明白白，更可贵的是编导没有因为英文歌曲驾驭起来有难度，就没有把握住童真童趣，反而把小猴子的形象塑造得幽默可爱。这首英文儿歌的大意是：5只小猴子在床上跳，一只一只地摔下床受伤。每次摔伤一只，猴妈妈就给医生打一次电话去治疗。同学们看看，舞蹈动作是不是用肢体语言和舞蹈创编技术，很清晰地表达了这一情境。

第六节　舞蹈游戏

一、舞蹈游戏概述

我们讲幼儿律动与幼儿歌舞表演的时候，总是强调幼儿园舞蹈课堂教学要游戏化，可见把舞蹈课变成玩游戏，对于幼儿是很重要的。本节我们介绍真正的舞蹈游戏，这是舞蹈艺术对幼儿进行美育的近乎完美的方法。这里分别介绍小、中、大班的舞蹈游戏课的特点，为后面的知识做铺垫。

（一）认识幼儿舞蹈游戏

1.游戏

游戏，从字面上解释即游乐嬉戏，以直接获得快感为主要目的，且必须有主体参与互动。游戏的概念和形式，一直以来就是许多心理学家、教育学家研究和探讨的问题。由于研究者对游戏的理解、使用的研究方法、研究的角度、依据的材料，以及所持的态度都不尽相同，迄今为止"游戏"仍然没有一个简单明了、一致认同且精确的定义。但有一点是心理学家和教育学家一致认同的，那就是幼儿十分喜欢游戏，并且是自主兴奋地参与游戏。这使得游戏活动模式越来越被教育学家认可，幼儿游戏也成为幼儿园教学活动的主要教学模式。

2.幼儿舞蹈游戏

（1）幼儿舞蹈游戏的定义。幼儿舞蹈游戏是指在幼儿的舞蹈课堂上尝试将游戏的元素加入舞蹈活动中，一边跳舞一边做游戏。这样做能够调动幼儿自主学习舞蹈的兴趣和积极性，增强幼儿身体动作的协调性，发展他们的想象力和创造力，学会与他人合作、增强团队意识。

（2）幼儿舞蹈游戏教学的依据。《幼儿园教育知道纲要（试行）》的总则中明确指出，幼儿园教育应充分尊重幼儿作为学习主体的经验和体验，"尊重幼儿身心发展的规律和学习特点，以游戏为基本活动"引导他们在与环境的积极相互作用中得到发展。

（3）幼儿舞蹈游戏教学的目的。为了适应幼儿教育改革所创设的幼儿舞蹈游戏活动，其目的就是尊重幼儿作为学习主体的参与性，注重幼儿在参与舞蹈过程中的体验和感受，使幼儿在参与舞蹈活动的过程中感受到玩游戏般的轻松、自由和愉悦，在娱乐的同时为今后形成良好的形体和艺术气质打下基础。

（二）小班幼儿舞蹈游戏的特点

1.小班幼儿舞蹈游戏的生理和心理特点

小班幼儿的年龄一般在 3～4 岁，其身体的生长发育处在初期阶段，对身体的控制能力还有待发展，再加上其心理和认知能力受限，所以小班幼儿舞蹈游戏活动多以他们自己看过、听过的内容为主。例如：多模仿生活动作、动物动作，多采用走步、碎步、兔跳等动作，手部动作均以大动作、单一动作为主。

2.小班幼儿舞蹈游戏的组织特点

（1）趣味性。这个年龄段的幼儿大部分都没有很好的注意力，为了调动幼儿的积极性，让他们愿意参与进来，趣味性就显得尤为重要。为了让幼儿自始至终保有兴趣，教师在创作时要巧妙地创设故事和游戏情境，抓住幼儿天性好玩、好奇心重的特点，使幼儿自主参与，做到学中有玩、玩中有学。

（2）单一性。小班幼儿身体小，肌肉群也尚未发育完全，稳定性较弱，教师刚开始组织活动时，可以教一些能跟随音乐的节拍律动的简单动作，例如：走、跑、跳、拍手、点头、转头等简单而有动律感的动作。

（3）重复性。由于小班幼儿的理解力、协调力以及再现能力相对有限，因此重复性在幼儿舞蹈活动中显得尤为重要。教师要在活动过程中，细心观察幼儿的反应，在故事和游戏情境中组织幼儿分解练习，帮助幼儿理解并熟练掌握动作。

（4）直观性。舞蹈本身是一种直观的艺术，人们通过眼睛来感受。这就决定了舞蹈游戏活动的情景和人物情感，都必须通过舞蹈形象直接表现出来。由于幼儿正处在生长的阶段，大脑神经系统尚未发育成熟，思维是形象和具体的，并且小班认知能力有限，一些抽象的内容是幼儿无法理解的，所以舞蹈游戏的内容需要具有直观性。教师可以编创一些幼儿能够充分联想、想象的形象性舞蹈动作，例如：小树长大、鲜花开放、风吹、雪花飘等动作，以及小熊、小猴子、公鸡、小鸭等这些在幼儿认知范围内的事物，这些事物具有直观性的特点方便他们理解。

（三）中班幼儿舞蹈游戏的特点

1. 中班幼儿舞蹈游戏的生理和心理特点

中班幼儿的年龄一般在 4～5 岁，相较于小班幼儿，中班幼儿在动作能力和体力上有了明显的进步，稳定性和平衡能力有了很大的发展；心理和认知能力也有了进一步提高，空间能力、独立活动能力、注意力及控制自己的能力都有了大幅度的加强。所以在针对中班幼儿进行舞蹈游戏活动的设计时，教师不仅要从舞蹈韵律发展的角度出发，还应从增强幼儿的音乐感受能力、观察能力和模仿能力等方面进行引导和培养。

2. 中班幼儿舞蹈游戏的组织特点

（1）韵律性。中班幼儿对自己身体的控制能力有了明显的增强。如果说小班幼儿在舞蹈游戏中是对一般生活动作的模仿，那么中班幼儿就已经开始进入律动模仿动作阶段，也就是说具有了韵律性。可以说从这个年龄段开始，幼儿开始了对"美"进行思考和探索，他们已经不单纯地满足于机械化地模仿，而是开始加入自己的想象和思考了。

（2）协调性。中班的幼儿对自己的身体更加了解，他们的动作显得更加轻松灵活，肢体的协调性、表现力有了大幅度的提高。例如：幼儿手眼的协调配合，上下左右不同方位的运动等。中班幼儿已经可以通过肢体语言更加协调流畅地表达情绪、抒发情感。

（3）模仿性。舞蹈具有客观性，在幼儿舞蹈游戏活动中，要有意识地引导幼儿观察模仿。随着他们认知能力的不断增强，中班幼儿也开始学着总结生活经验，模仿很多事物，用自己的肢体语言来表达一些事物和情感了，例如：扫地、洗衣、摘果子、刷牙、洗脸、敲锣、打鼓、骑马等内容形式。

（4）情节性。随着记忆力、语言能力的发展，中班幼儿能更连贯、更有逻辑地理解事物或故事情节。教师可以通过创编一些具有故事情节的舞蹈游戏活动，来帮助幼儿理解事物和记忆舞蹈活动的内容，这也是培养幼儿语言能力、思维能力的有效形式。

（四）大班幼儿舞蹈游戏的特点

1.大班幼儿舞蹈游戏的生理和心理特点

大班幼儿年龄一般在 5～6 岁，他们相较于中、小班幼儿，身体更加强壮，体力也更充沛。在舞蹈游戏活动中，能更快更娴熟地掌握舞蹈动作的基本要领。大班幼儿的游戏经验已经相当丰富了，这就要求教师设计舞蹈游戏活动时，形式要多种多样。随着智力、认知能力的发展，大班幼儿已经有了很多自己的想法和意愿，在一段音乐背景下，他们已经可以自主地组织一些舞蹈动作来表达情感了。所以组织大班的舞蹈游戏活动时，教师可以采取师生共创、即兴等方式，充分调动幼儿的积极性、参与性和想象力。

2.大班幼儿舞蹈游戏的组织特点

（1）灵活性。这里的灵活性不仅指身体的灵活，还有思维上的灵活。随着身体能力、认知能力的增长，大班幼儿在做舞蹈游戏活动的动作时可以更加灵活。因此，幼儿舞蹈游戏动作的采用和设计可以更加多元，舞蹈游戏的内容和形式也可以灵活多样，可以加入文学、音乐、美术、科学等诸多元素，联合大班幼儿的其他学科知识形成一个知识网，增强幼儿的学习迁移能力。

（2）表现力。《3～6 岁儿童学习与发展指南》在强调艺术领域的培养和教育要儿童化、整体化的同时，敏锐地抓住了艺术教育最根本的特点，即"感受美、表现美和创造美"。随着大班幼儿的认知和视野的开阔，他们有了更广阔的想象空间，对"美"也有了更深刻的认识，能够用肢体语言来表达他们的思想感情。

（3）创造力。舞蹈游戏活动可以开发幼儿智力，让幼儿懂得道理，更能在游戏的过程中激发幼儿的创造欲望。随着舞蹈功底的不断增强，舞蹈语汇的不断积累，大班幼儿已经可以根据一些事物自发地进行舞蹈游戏活动的创编。他们开始学会用自己的想象，表现自己看到或感兴趣的一些事物。

（4）自主性。自主性是幼儿自身成长与发展的重要标志，培养幼儿自主学习的习惯是舞蹈游戏活动最主要的目的和任务。随着幼儿自我意识的不断增强，大班幼儿更加明确自己的喜好和需求。教师应该鼓励和引导幼儿自主想象和创编游戏活动。

（五）幼儿舞蹈游戏案例

《玩玩玩》

虽然这个舞蹈游戏作品虽然简单，但是设计思路清晰，结构完整。幼儿舞蹈游戏中的两个重要因素舞姿动作和游戏玩法，它都体现得很准确。不但我们成年人看完后对玩法了然于心，就连幼儿看上几遍，也能明白怎样玩。这个舞蹈游戏不但又跳又玩，而且充分体现幼儿舞蹈游戏的鲜明特点——游戏的合作性。小朋友在密切的合作中，获得乐趣，增加对身体部位的探索。

《数数歌》

年龄段：小班

第一遍音乐：先伸出左手食指，再伸出右手食指，左手摇晃两下，右手摇晃两下，然后双手食指弯曲同时向前行进六步。

第二遍音乐：先伸出左手的食指和中指，再伸出右手的食指和中指，左手摇晃两下，右手摇晃两下，然后双手举到耳朵处做小白兔跳6次。

第三遍音乐：先伸出左手的食指、中指、无名指，再伸出右手的食指、中指、无名指，左手摇晃两下，右手摇晃两下，然后双手放到嘴两边做小花猫状，向左边蹲一下，向右边蹲一下。

第四遍音乐：先伸出左手的食指、中指、无名指和小指，再伸出右手的食指、中指、无名指和小指，左手摇晃两下，右手摇晃两下，然后胳膊弯曲放在身体两侧，向左边走两步，再向右边走两步。

第五遍音乐：先伸出左手的5个手指，再伸出右手的5个手指，左手摇晃两下，右手摇晃两下，然后双手放在身体两侧，由下到上晃动双臂无规律地向四周飞行。

《套圈》

年龄段：中班

第一遍：

音乐共8小节，此游戏共9个小朋友。

第1、2小节：3个人为一组排成一竖排，双手叉腰，脚下步子为交替步，头部左右摇晃。3个组分别从舞台的左、中、右方向上场。

第3、4小节：3个组，以交替步跑成3个流动的圆圈，分别位于正三角形的三个角的位置。

第5、6小节：每小组的3个人由交替步变为走步，手拉手围成圆圈走。

第7、8小节：正三角形两边两个角的圆原地拍手盘腿坐下，中点的圆原地站着拍手。

第二遍：

第1、2小节：中点的圆，3个人手拉手，向前推向后移，两边的圆依旧重复拍手的动作。

第3、4小节：中间的圆跑去右侧的圆，将他们围住，队形为大圆套小圆，手部动作依然是拍手。

第5、6小节：舞台右侧两个圆围成一个圆，去套左侧的小圆。

第7、8小节：站在大圆的小朋友按顺时针方向手拉手以交替步绕圆，小圆的方向与之相反。

第三遍：

第1、2小节：内圆和外圆，分别牵着手向里推，向外移。

第3、4小节：外圆手拉手逆时针走步，内圆与之相反。

第5、6小节：重复第1、2小节。

第7、8小节：外圆和内圆同时盘腿坐下拍手，头部左右摇晃。

二、幼儿舞蹈游戏教学

（一）幼儿舞蹈游戏教学步骤

1.准备工作

选好游戏教材后，教师要分析游戏，了解幼儿的水平，考虑到游戏的教育意义，制订好计划，备好教具和场地。

2.介绍游戏

教师向幼儿介绍舞蹈游戏，使幼儿了解游戏的内容及玩法。

3.介绍音乐

（1）熟悉音乐。介绍游戏可以先从介绍游戏的名称和简单的玩法入手。介绍后让幼儿安静地听音乐，特别注意听关键性的地方。例如，音乐的变化和游戏规则的关系。在反复听音乐的过程中，通过老师的启发、讲解、动作、手势和表情，使幼儿逐渐理解游戏的内容，感受音乐的性质，体验音乐表达的感情。幼儿把音乐内容与自己的生活经验联系起来产生了丰富的想象，并做出了相应的动作反应。

（2）分析音乐。有些舞蹈游戏内容简单，音乐性质鲜明，对年龄较大的幼儿，不必先介绍游戏内容，可以在说出音乐名称以后，直接让他们听音乐，自己确定音乐的性质，讨论在这种性质的音乐伴奏下可以表演什么动作，然后再简单介绍游戏玩法。带有歌表演性质的游戏可以先欣赏歌曲，但动作必须符合音乐的性质。如果舞蹈游戏的音乐演奏时间比较长，比较复杂，则先让幼儿完整地欣赏音乐，然后分段听、重点听，逐渐听完整首乐曲，并结合游戏中的角色或情节来确定音乐的性质，然后再教游戏的玩法。

4.教、练舞蹈游戏动作

教、练舞蹈游戏要使幼儿能合着音乐做动作，幼儿的动作要形象、正确、有感情，并能遵守游戏的规则。

（1）教、练舞蹈动作以前，先要检查幼儿是否多次听赏游戏的音乐，因为一般游戏的玩法及规则都与音乐结构有密切联系。例如：结尾的音乐，各乐段之间的过渡音乐等都与游戏的规则、游戏情节的变化有密切联系。

（2）教幼儿做舞蹈游戏时，对年龄较小和基础较差的幼儿一般是要求模仿教师的示范动作。对基础较好的幼儿，可以在教师的启发、引导下，让幼儿根据他们对音乐的理解、感受，对游戏角色的认识，自己创造性地扮演游戏角色，创编游戏动作。教师可把好的动作向全班幼儿推荐，同时也允许幼儿按照他们自己的设想表演各种不同的动作。要求幼儿创编游戏动作是对教师提出更高的要求，教师要进一步认真备课，细致考虑怎样启发、引导幼儿的想象，发挥他们的创造能力，还要设想可能出现的情况，准备好相应的教学方法。

（3）教、练舞蹈游戏可用整体教法或分段教法。比较简单的舞蹈游戏可进行整体教学，在全体幼儿学会游戏中的各个基本动作后，教师便可带领幼儿做游戏。小班幼儿由教师带领一起玩，在玩的过程中，教师用语言和动作引导幼儿。对于比较复杂的舞蹈游戏，教师要根据游戏中的角色，分解出若干个基本动作，用动作练习的方法先教会幼儿基本动作，然后再进行整体练习。

（4）为了取得较好的教学效果，有些游戏在教学时可先简单化。此外还要不断明确游戏的规则，鼓励幼儿遵守规则，以发展幼儿良好的品德，如诚实、勇敢、助人为乐等。

（5）教游戏时，做好个别辅导工作，培养能力强的幼儿担任游戏中的小骨干，帮助能力差的幼儿，或先教一小组幼儿玩游戏，其他幼儿观看，再让小组幼儿带动全班一起练习，这样做也能取得较好的效果。

（6）些游戏比较简单，可让幼儿自己玩，教师在旁指导、提示，这样可以发展幼儿的创造性及独立性。

5.复习舞蹈游戏

已经学会的舞蹈游戏要经常复习。每次复习时都要有明确的新的要求，还要不断使舞蹈游戏的内容更精深，规则更严格。可利用些辅助材料，如头饰、彩带、纸花、乐器等来增加幼儿复习时对舞蹈游戏的兴趣。

（二）幼儿舞蹈游戏活动组织策略

1.小班幼儿舞蹈游戏活动组织策略

（1）遵循小班幼儿的身心发展特点设计和组织舞蹈游戏活动。教师要注意用小班幼儿现有的认知能力去思考问题，设计出小班幼儿这个年龄段感兴趣的事物和能理解的游戏内容。3～4岁幼儿的动作以律动为主，辅以单一的基本舞步，如：小碎步、小跑步、横移步、进退步，也可结合幼儿所熟悉的事物进行模仿，如吹号打鼓、开汽车以及小鱼游、小鸟飞等各种动作。

（2）设计的动作不宜过于复杂，游戏的规则也最好简单易懂。小班幼儿在游戏时喜欢重复，教师在设计小班幼儿舞蹈活动时，动作要单一、准确、形象，还要用准确的语言告诉他们游戏规则和要求。

（3）小班幼儿的自律性比较差，教师要用创设故事情境、角色扮演等方式引导幼儿进入活动，帮助幼儿集中注意力。游戏内容要简单易懂，变换队形不宜过于复杂，在舞蹈游戏的过程中可设计原地或小范围的队形变化。不管幼儿在游戏时表现出何种特点，那都是他们特有的，教师需要给幼儿更多的鼓励。

2. 中班幼儿舞蹈游戏活动组织策略

（1）注重舞蹈游戏活动的故事性。随着幼儿智力和认知能力的不断增强，教师在指导时要更加注意舞蹈游戏活动的故事性，引导幼儿进行独立思考。

（2）引导幼儿产生初步的团队意识。由于中班幼儿在舞蹈游戏中的队形变化较多，为幼儿提供了更多的空间活动机会，教师可以帮助幼儿在活动中感受自己与伙伴之间的合作关系，引导幼儿开始培养团队合作意识。

（3）强调舞蹈游戏与音乐的配合度。幼儿的舞蹈游戏教学中，教师开始强调音乐的重要性，让幼儿多听音乐，有意识地引导幼儿自主探究音乐和舞蹈的关系。通过音乐的快慢、强弱，让幼儿来感受舞蹈动作的动静和幅度的大小。

（4）形体语言和有声语言有机配合。教学过程中，教师应通过自己形体语言的示范和有声语言的描述来增强幼儿在舞蹈中的感受力和表现力。教师在做示范动作的同时要用精练、形象、幽默的语言来描述动作要领。

（5）在编排上可增加队形和空间上的一些变化，如将直线变为弧线或圆形等。

3. 大班幼儿舞蹈游戏活动组织策略

（1）多听听幼儿的声音。教师可以事先在幼儿中做调查和了解，选择那些幼儿感兴趣的题材创编舞蹈游戏，让幼儿玩中学、学中玩，将舞蹈游戏活动与幼儿的兴趣结合起来。

（2）有意识地培养幼儿的自信心和领导力。在舞蹈游戏活动中，教师要充分发挥幼儿的自主性，激发他们的想象力和创造力。可以在活动中询问幼儿的想法或让幼儿自己思考内容和创编具体的舞蹈动作，也可以让幼儿变成小教师，自己创编动作教给其他幼儿。这样不仅能增强他们自主学习的能力，还能培养幼儿的自信心和领导力。

（3）培养幼儿学习迁移能力。随着幼儿年龄的增长，他们获取的知识和生活经验越来越多，教师要想办法引导幼儿进行学习迁移，把以前学到的内容应用到当前的活动中来。

（三）幼儿舞蹈游戏案例

《毛毛虫挠痒痒》

年龄段：小班

第一段

第 1 ～ 4 小节：选一名幼儿头戴白菜头饰，饰白菜爷爷。其他幼儿蹲在白菜爷爷旁边。

第 1 小节：幼儿伸出食指放于头两侧，饰毛毛虫，蹲着给白菜爷爷挠痒痒，同时身体左右晃动。

第 2 小节：走成圆形，围住白菜爷爷。

第 3 ～ 4 小节，毛毛虫给白菜爷爷挠痒痒。

第二段

第 1 小节：毛毛虫站起指向白菜爷爷，同时白菜爷爷自转一圈。

第 2 小节：毛毛虫动作不变，白菜爷爷微笑，右手叉腰，左手做捋胡子状。

第 3 ～ 4 小节：全体幼儿在圆上走动，方向一致，同时拍手。

《猜小铃》

年龄段：中班

全体幼儿围站成圆圈，请一名幼儿站在圈中并用手帕蒙住眼睛，教师把一只小铃放在其中一名幼儿手中。音乐开始，全体幼儿齐唱歌曲同时舞蹈，每次唱到"叮叮当"时，拿小铃的幼儿就把小铃摇两下。唱完歌曲后，圈中幼儿解开手帕，猜小铃在谁手里，连续猜错两次，表演节目。

《卷炮仗》

年龄段：大班

"我们大家卷炮仗"：站一横排，原地做走步 8 步，右脚先起，同时拍手 8 下。

"啦啦啦啦啦啦啦啦啦"：全体右转继续做走步的动作，一拍一步，同时一拍一拍手。

"慢慢慢慢往里卷"：右转的第一个人带头用踮步走"旋涡线"，同时右臂伸直，大臂贴耳，右手食指伸出。左臂搭到前方小朋友肩上，一拍一步，注意转大圈。

"啦啦啦啦啦啦啦啦"：继续用踮步的动作走"旋涡线"，手臂动作同前，一拍一步一拍手。

"一步一步向前进"：继续之前的动作。

"炮仗卷得紧又紧"：用踏跳步继续走"旋涡线"。同时，双手在胸前左右拍手，头跟着手的左右拍而左右摆动，一拍一步，同时一拍手一摆头。注意圈越转越小。

"卷呀卷呀卷呀卷呀"：继续用踏跳步走"旋涡线"，手臂动作重复。

"卷呀卷呀卷呀卷呀"：继续上边的动作。

"我们大家卷成大炮仗"：在"旋涡线"上做踏步，同时，左右两臂在胸前环绕。一拍一步，同时四拍环绕手臂一次。

三、幼儿舞蹈游戏的设计

（一）幼儿舞蹈游戏活动的教学目的

艺术来源于生活，但高于生活。所有的艺术行为都是对生活的总结和反思，是智慧的结晶，但并不是所有的舞蹈活动都能给人带来智慧，这就要求教师先要善于从生活中去发现、去提炼、去思考，之后能够运用舞蹈来表达。通过舞蹈游戏活动的形式来调动幼儿了解自己身体的兴趣，让幼儿学会运用外部身体语言表达内心的真实情感和感受，让幼儿在舞蹈游戏活动的过程中去思考、想象，增强合作意识，并在舞蹈过程中感受到快乐，是开设舞蹈游戏活动的最终目的和价值所在。

（二）小班幼儿舞蹈游戏设计

1.小班幼儿舞蹈游戏设计综述

教师在设计舞蹈游戏时，应明确教学思路，一切舞蹈游戏活动都要以培养幼儿的舞蹈兴趣为前提。

2.小班幼儿舞蹈游戏课堂设计方法

（1）要明确活动目标。教师在设计舞蹈游戏活动时，首先要明确通过这次活动要达到什么目的，想使幼儿有哪些收获，其次要根据幼儿的年龄特点设计符合幼儿身心发展需要的舞蹈游戏活动。

（2）要思考采用什么样的游戏形式。明确了目标之后，教师要思考采用什么样的游戏形式。教师可以寻找动物或事物原形，给幼儿观看相关的图片和视频资料，加深他们的印象，并引导幼儿养成自己观察的习惯。

（3）要善于从生活中去提炼夸张、有趣的舞蹈动作元素。教师在设计舞蹈动作时要思考采用什么样的舞蹈动作才能使舞蹈更加生动形象。这就要求教师要善于观察，从生活中提炼夸张、有趣、活泼、形象的舞蹈动作元素。

（4）要选择合适的配乐。幼儿舞蹈游戏音乐选择首先要符合舞蹈活动的主题，其次是音乐要简单、流畅、动听，节奏鲜明，音域不要太宽，要有动作性或故事性，并且要能够反复多次使用，以便为舞蹈游戏活动提供准确的事物形象。有了音乐的帮助后，幼儿能够更好地融入游戏的情境中。

（三）中班幼儿舞蹈游戏设计

1.中班幼儿舞蹈游戏设计综述

教师在设计中班幼儿舞蹈游戏活动时，要先进行调查分析，了解自己班上的幼儿对什么事物或游戏感兴趣，在设计课程时可以有针对性地展开，真正做到"以幼儿为本"。教师所选择的活动内容应是幼儿所感兴趣的，这样他们在参与的过程中也会更加积极、投入。

2.中班幼儿舞蹈游戏课堂设计方法

（1）动作的难度有所加大，注重身体协调性。针对4～5岁的幼儿，在律动练习的基础上可以加入一些简单的舞姿变换练习，可以根据需要变换上肢和躯干的动作速度、幅度，也可以由单一舞步通过节奏转变为稍微复杂的连续移动动作，如："错步""交替步""秧歌十字步"等，并认识脚位。还可以做一些双脚的小跳，在做跳的腾空动作过程中要保持重心的稳固和平衡。

（2）把将幼儿熟悉的游戏舞蹈化。随着幼儿生活和学习经验的不断积累，他们也会有一些喜欢的小游戏，这时教师可以换个角度来思考和设计课程。舞蹈游戏活动既可以将舞蹈通过游戏活动的形式来展现，也可以将已知或设计好的游戏活动用舞蹈的形式来表达。当然，两者需要进行机地结合，这就需要教师在设计准备时多动脑筋，多下功夫。

（3）音乐形式、音乐节奏多样化。随着中班幼儿舞蹈动作难度的不断加大，教师在选择音乐时，可以逐步使之多样化，要思考选用什么样的音乐来配合活动的主题，将舞蹈、音乐、游戏有机地结合起来，使幼儿在活动中充分地放松。

（四）大班幼儿舞蹈游戏设计

1.大班幼儿舞蹈游戏设计综述

针对大班幼儿，教师应设计创编更能反映幼儿生活，表现幼儿积极向上、团结协作的内容和题材。大班幼儿的舞蹈教学内容一般以加强开、绷直、吸、拧、抬等动作，促进手、腕、肩、膝、眼的配合，并将单一动作组合成主要动作，在步法组合和表演性的小舞蹈中提高幼儿的记忆力与反应能力，注重追求姿态美和动作美。

2.大班幼儿舞蹈游戏课堂设计方法

（1）帮助幼儿树立良好的人生态度。在设计大班幼儿舞蹈游戏活动时，教师要思考怎样才能让幼儿得到全方面的发展，使幼儿在游戏活动中不仅享受到快乐，还能树立良好的世界观、人生观和价值观。所以教师在设计舞蹈游戏活动时，不仅要考虑它对幼儿现阶段的培养和帮助，更要考虑它对幼儿长远的影响和意义。

（2）舞蹈游戏活动多样化。从形式上说，舞蹈游戏可以结合音乐、美术、体育、科技等学科内容。从选题和内容上说，教师要选择那些贴近幼儿生活或是能激发幼儿兴趣并给他们带来挑战的题材。在给大班幼儿设计舞蹈游戏活动时，教师不仅要用幼儿的视角和思维方式来看待世界，还要向幼儿传达人生的正能量。

（3）给幼儿创设自主发展的空间。在舞蹈游戏中，教师要引导和鼓励幼儿独立思考、独立活动，为幼儿的自主发展提供机会和空间，为幼儿将来的发展奠定坚实的基础，帮助幼儿更好地适应未来的学习和生活。

（五）舞蹈游戏记录法

（1）名称和音乐的记录法与律动和歌表演记录法相同。如果有多段乐曲，则要注明曲一、曲二、曲三，等等。

（2）先写清多少人参加，成什么队形，有哪些角色，有些什么准备工作，以及场地的布置等，再把游戏方法依次写下去。

（3）写方法时往往结合游戏的规则。有时为了避免重复，可以不必写这一项。但有时为了强调游戏的规则，或者写玩法时遗漏了一些内容，也可以将这一项单独写出。

（六）幼儿舞蹈游戏案例

《我是谁》

年龄段：小班

先请一名幼儿走到黑板前面，背向其他幼儿。全班幼儿围成一圈，请一名幼儿站在圈内。

歌词："我是谁，我是谁，请你猜呀猜呀猜。"全体幼儿一起合唱并且舞蹈转圈。

歌词："我是×××，我是×。"围成圈的幼儿停止转圈，请圈内幼儿任意说出一个自己喜欢的东西，让站在圈外的幼儿猜是哪个小朋友说的，猜对了请下一位小朋友站在圈外猜，猜错了就再猜一次，每人有3次机会，如果3次都没猜对，就罚他表演节目。

《木偶清洁舞》

年龄段：中班

幼儿围成两个圆圈，外圆比内圆多一名幼儿，音乐开始，两圈幼儿牵手分别向相反的方向转圈。

第1节：幼儿牵手转圈，左手一掌型放在耳朵处，同时右脚轻轻踩地

第2节：双手掌型左右上下摆动，身体随着双手由高到低做擦玻璃状

第3、4节：重复第一、二节动作

第5节：站立。左手上下摆动，右手叉腰

第6节：蹲下，双手上下摆动做擦玻璃状

第7、8节：内圈的幼儿在外圈找一个伙伴，牵手转圈跑跳，剩下的那个幼儿站在圈内模仿木偶的一个动作

第9、10节：所有幼儿围成一个大圈，将模仿木偶的幼儿圈在中间，牵手聚拢，散开，做两次。

《小鸭子 乖乖乖》

年龄段：大班

备注：小鸭头饰若干，双响筒、木鱼、蛙鸣筒若干

双响筒：鸭走组

木鱼：鸭叫组

蛙鸣筒：游泳组

第1~2小节：鸭叫组在舞台中心位置，站立，伴随节奏敲打木鱼，呈圆圈状。

第3~4小节：鸭走组和游泳组同时上场，围成大圆圈。

鸭走组：自左前侧伴随自身节奏、动作（右手拿双响筒，双手放体侧随身体左右摆动，脚下鸭走步）上场，一拍一步。

游泳组：自右后方随自身节奏、动作（左手拿蛙鸣筒，双手自前向身体两侧划动做游泳动作，脚下鸭走步）上场，一拍一步。

第5~8小节：伴随自身节奏和动作围着鸭叫组组成的圆圈走。

第9~16小节：伴随节奏、动作，队形变换为三人一组，每组的三个成员分别来自原鸭走组、鸭加组、游泳组。

第17~18小节：原地坐下，伴随节奏将手中的乐器摇晃出声音。游戏反复，舞蹈动作要精准。

第七节 集体舞

一、集体舞概述

幼儿集体舞是幼儿自娱性舞蹈的最高形式，比起前几种幼儿园舞蹈教学内容，它是更加完整的幼儿舞蹈形式。幼儿律动是舞蹈的分解形式，是教学手段；幼儿歌表演是舞蹈与幼儿歌曲相结合的舞蹈形式；幼儿舞蹈游戏是舞蹈与游戏相结合的舞蹈形式。这3种幼儿园舞蹈教学形式都不是纯舞蹈，它们没法全面且独立地展示舞蹈艺术的特点和优势。而幼儿集体舞则是纯舞蹈形式的教学内容，独立具备幼儿舞蹈所有的特点和优势，完全可以运用幼儿舞蹈的所有知识来认识它。幼儿集体舞是自娱性的，它虽然有表演性质，但本质上是小朋友们自我娱乐、自我成长的舞蹈艺术手段。

（一）集体舞的定义

集体舞是幼儿用来自娱和交谊的集体性舞蹈，是幼儿在音乐伴奏下进行队形变化、交流配合，共同完成的一种有主题的集体性舞蹈，它在一定的队形上可以反复进行。从定义来看，幼儿集体舞是由许多幼儿一起参加，有一定的队形和动作规定，并可交换舞伴的一种舞蹈形式，是幼儿园舞蹈活动的基本类型之一。

（二）幼儿集体舞的特点

1.主题性

幼儿舞蹈是由幼儿的情感语言、形体律动等要素表达幼儿内心感受或想象的过程。幼儿集体舞则是在此基础上，教师对往常教学活动中的动作元素分类整合，设计一个具有主题性质的舞蹈活动，使幼儿集体参与，完成相对统一形式的活动与舞蹈。此类舞蹈不仅让幼儿在音乐中自由地活动、蹦跳，抒发内心感受，还有主题、有内容、有设计，兼顾自由性与艺术性。

2. 集体性

幼儿集体舞强调集体性质的配合、参与，它与律动、歌表演最明显的区别在于集体舞是以一个特定的主题形式，在此主线上以丰富的队形变化及舞伴间的交流、配合为主要特征。因此它的内容选择、组织形式都有一定的独特性。多元的题材范围，使集体舞的舞蹈元素广泛；丰富的队形变化，使集体舞看起来更加饱满；突出的独立主题形式，使集体舞彰显各舞段的独特魅力。

3. 艺术性

在幼儿园舞蹈教学中，集体舞是一种比较难组织的形式。幼儿需要在集体舞中感受节奏、理解音乐、记忆动作、掌握顺序、变化队形、与同伴合作等，这对幼儿来说是极大的挑战。因而，幼儿集体舞是更高层次的学习，是在幼儿原始动作表达基础上，从简单的韵律、动作、游戏活动中归纳升华，增加一些艺术性、表演性。但要注意，幼儿集体舞决不能忽视幼儿内心感受或想象的表达过程，一定要建立在培养幼儿感受美、表现美的基础上，再深入和升华艺术性。

4. 探索性

幼儿集体舞的特点是幼儿在探索生活和感受艺术中共同快乐地舞蹈。也就是说，集体舞的内容要有生活、有艺术、有快乐，幼儿的参与要去探索、去感受、去舞蹈，在这样的活动过程中体验集体协作配合，感受集体归属感，共同分享与表达快乐。

（三）幼儿集体舞的形式

（1）不受队形限制，集体做同一动作的舞蹈。

（2）邀请舞。坐或站成半月形、单行圆圈，一个幼儿站在中间为邀请者，邀请在队形上的幼儿跳舞，跳到最后邀请者和被邀请者对调位置。或者被邀请者和邀请者一起再去邀请其他幼儿，成倍增加邀请者；或者被邀请者在邀请者背后用手搭肩或不搭肩接龙，直到邀请完为止。

（3）轮舞。开始时大家一起跳，跳到最后错过一个位置轮换一个舞伴。轮舞分为单行圆圈轮舞、双行圆圈轮舞和三行圆圈轮舞。单行圆圈轮舞即站成单行圆圈开始报数，单双数面对面站立为对子，跳到最后两人错过肩移动位置与新舞伴成对子。双行圆圈的轮舞即站成人数相等的双行圆圈，里外圈相对站立成对子，跳到最后里圈（或外圈）移动一个位置与新舞伴成对子。三行圆圈的轮舞即站成人数相等的三行圆圈，里、中、外三人为一组，跳到最后，中圈人向前移动位置与新舞伴成一组。

（4）分散不成队形，找到舞伴就跳，跳完再去找。

（5）边跳边变换队形，如由一个大圆圈变成许多小圆圈，再由小圆圈跳回成大圆圈。

（6）游戏形式，边跳边游戏。

（四）幼儿集体舞的功能

目前已经有越来越多的人认识到集体舞的教育价值。在集体舞中幼儿通过自己的肢体动作与环境展开积极的交往和联系，这不仅可以让幼儿与他人产生共鸣，而且也可以让幼儿获得集体归属感。幼儿集体舞在集体参与中帮助幼儿建立良好的规则意识，并感受合作的乐趣，锻炼幼儿的思维反应能力，开发幼儿的智力。

1.培养幼儿的集体参与意识

在社会生活中，个体之间是相互依存的，因此避免不了群体参与。幼儿集体舞就承载了这样的功能，它能使幼儿感受参与集体的过程，培养幼儿自觉遵守纪律，学会主动关心、帮助他人，引导、激励幼儿主动参与集体活动。

2.培养幼儿的配合协作意识

在培养幼儿集体意识的基础上，培养他们感知、体会集体荣誉，提升团队意识，并且学会相互配合协作。集体舞需要跳得整齐，这就要求每个幼儿在音乐节奏的引领下，协调自己的动作，同时也需幼儿相互配合，协作完成，因此幼儿的集体感与协作意识在其中也得到了培养。

3.锻炼幼儿的人际交往能力

幼儿喜欢参与舞蹈活动的心理基础有三组：好奇、爱美心理；好动、爱表现心理；好探究、爱交往心理。幼儿集体舞这种形式可以完全将幼儿好探究、爱交往的心理释放出来，使幼儿在其中自然地进行人际交往。跳集体舞的过程中，可能会进行多次的交换舞伴，这不仅促进了幼儿间更多的情感交流，同时也锻炼了幼儿的交往能力。教师应在幼儿集体舞蹈的设计中注意为幼儿多提供与同伴合作交流的机会，并可交叉更换舞伴。

4. 锻炼幼儿的变化反应能力

在集体舞动作、队形的变化中，能够锻炼幼儿的反应能力和适应能力。简单而又形式多样的一些队形变化，对幼儿的反应力也是一种挑战。跳集体舞时需变换队形，变换位置，需要注意动作的方向性，这有利于发展幼儿的空间知觉，无形之中锻炼了幼儿的反应能力和适应能力。

5. 开发幼儿的智力

智力开发的基本内容是提高观察力、记忆力、想象力和思维能力，主要途径是教育。智力开发离不开必要的智力投资，即训练资源，以及训练方式。幼儿集体舞的活动方式有利于幼儿智力的开发。在集体舞的学习中锻炼幼儿的观察力，在每个不同主题内容的舞蹈活动变化中提高幼儿的记忆力，在幼儿参与集体舞动作素材的"肢体探寻"与"主题设计"的过程中开发他们的想象力和思维能力。

6. 开发幼儿的表现力与表演潜力

幼儿集体舞与单纯的基本动作、韵律活动、歌表演等内容的不同之处在于，具有表演性和展示性。幼儿集体舞有主题、有规则、有变化、有艺术性，当然，最关键的是它是幼儿自身的情感表达和肢体表现的综合性幼儿舞蹈形式。因此，在这样的综合幼儿舞蹈形式中也就自然地开发了幼儿的表演力和表现力。

（五）幼儿集体舞案例

《跑和跳》

本作品的名字是《跑和跳》，本作品有两个优点：第一，主题宽泛，容易塑造形象。能够想到这个主题，本身就体现出编导创编技巧扎实，她在选题时已经为后面的创作铺路了，并对自己的作品有了整体的框架安排；第二，编导驾驭队形和舞台调度的水平高。这部作品既体现了集体舞交谊的性质，又运用了丰富的队形变换，充分调动了幼儿的积极性。

《快与慢》

本作品的名字是《快与慢》，这部作品选材非常独特，编导充分践行了编排舞蹈要另辟蹊径、与众不同的理念。王晨同学经过舞蹈创编理论的学习，已经具备了很成熟的创作理念。这个集体舞编得既有趣又有用，如果小朋友们跳了这个集体舞，会在音乐反应力和节奏感方面收获很大。这部作品虽然教育性很强，但是也没有弱化艺术性。这部作品创作得俏皮可爱，富有童真。

《快乐夏威夷》

本作品的名字是《快乐夏威夷》，编舞把集体舞创作技巧，灵活自如地放在一个富有异域风情的主题中，自然流畅一点也不突兀。本作品从服饰运用到动作设计，都在全力塑造夏威夷女孩的形象，突出来编导创编技巧扎实。本作品也是具备选材独特这一优点，这个主题独一份，没有跟其他同学"撞车"。整个舞蹈清新优雅，如清风拂面，美不胜收。

二、集体舞教学

（一）幼儿集体舞教学方法

在幼儿集体舞教学中，教师应以"主题设计教学"（教师）与"自主学习参与"（学生）相结合的方法来进行教学，针对教学对象、教学内容等方面分析其特性，探索其规律。

1. 综合教学法

幼儿集体舞教学中，教师要做的第一件事就是用自己设计的教学活动去吸引那些意识、思维、想象单纯又活跃的幼儿。教师可以采用综合教学法，把说、唱、跳、演结合在一起，这样的教学内容生动形象，容易吸引幼儿的注意力。具体来讲，在课堂上教师可以边说口令边做动作。这种组合表演形式有利于提高幼儿的积极性，提示幼儿动作顺序、要求，让幼儿体验到舞蹈是一种多元享受。

2. 示范法

幼儿集体舞教学中，教师应能够准确、形象、富有感染力地表演所要教授的集体舞内容，让幼儿对所学内容有一个完整、清晰的直观印象。教师的示范应该生动，使幼儿看了就愿意跟着学，喜欢学。在示范时，教师还可用简练语言，如："拍手""摇头""跳跳"等话语使幼儿加深印象，还可面向幼儿做镜面示范，如幼儿伸左手、教师就伸右手，这种方法便于跟幼儿进行眼神、情感的交流，能够激发幼儿的学习愿望和热情，也能随时关注到幼儿各方面的状态。

3. 语言讲解法

幼儿集体舞教学中，教师讲解时语言要简洁明了、通俗易懂、生动形象。例如：转动手腕这一动作，如果按动作要求来讲，第一拍由外向里转，第二拍由里向外翻等，这种表述幼儿听起来不易明白，并且学起来既无兴趣又浪费力气，这时教师可以告诉幼儿："现在你到果园里抓住了树上的一个大苹果，想要把苹果从树上摘下来必须要转动手腕拧一下。"又或者在练习站立时，幼儿可能站不好，那么教师就要告诉幼儿"像木棍（或像铅笔）一样"，这样说他们就容易明白，就能做好。因此，语言讲解是极为重要的一点。

4. 游戏法

游戏法是运用游戏的形式进行组织和指导的一种方式。在幼儿集体舞教学中，除了学与跳，也应该让幼儿感到一种游戏和娱乐的氛围。例如：教小鸭子的动作，可以组织学习鸭走步，教师可扮演鸭妈妈，让幼儿当宝宝，让宝宝跟妈妈学本领，也可以让幼儿轮换去当鸭妈妈，用每个小鸭妈妈的不同走步方式带领鸭宝宝们走步。还可以戴头饰或穿上相应的服饰，进入角色的扮演去做动作活动与队形练习游戏。此方法可以引起幼儿的兴趣，提高幼儿的学习热情。

5. 情绪渲染法

教师在上课时要精神饱满，语气和蔼可亲，还要有丰富的表情来感染幼儿，让幼儿每节课都能够轻松愉快。教师应该灵活对待课堂的每个环节和问题，照顾到幼儿的感受，使教学活动变得生动。

6. 道具的运用

此处的刀具是指标记道具和表演道具。标记道具的使用便于幼儿辨别动作方位，帮助幼儿在舞伴交换中辨别行进线路。表演道具的使用可增强舞蹈气氛，激发幼儿兴趣，强化内容主题，凸显艺术效果。

7.舞谱的运用

通过"幼儿观察图谱—再现图谱动作—连贯图谱动作"的教学流程，使幼儿在尝试跳舞的过程中，模仿、再现和创造图谱动作。幼儿学习按舞谱探索队形变化，尝试看舞谱小组学习舞蹈，可以培养他们自己解决问题的能力。

8.多媒体的运用

多媒体课件具有动画、声音、图像等信息同步进行的优点，教学中即可变抽象为直观，化静为动。多媒体课件的运用不但能使抽象的队形变化转换成形象的画面，还使得幼儿对集体舞产生浓厚的兴趣。

（二）幼儿集体舞教学步骤

（1）让幼儿明确主题，熟悉舞曲。（拟题）

（2）让幼儿在音乐和主题中自由动作表现。（发挥）

（3）教师对幼儿创造的动作进行提炼、整合，统一设计内容。（设计）

（4）教基本动作。（教授）

（5）进行短句练习。（连接）

（6）分组同伴练习。（交流）

（7）幼儿重复练习，熟练内容。（熟练）

（8）队形练习。（组织）

（9）动作套路与队形应用的完整练习。（体验）

（10）配合音乐完整跳。（完整）

（三）幼儿集体舞教学提示

（1）幼儿集体舞动作的设计尽量突出基础性。

（2）幼儿集体舞的队形勿过于复杂。

（3）幼儿集体舞的音乐应该节奏鲜明、适宜主题。

（4）教师在进行集体舞教学时，口令要简洁、准确。

（5）教师在进行集体舞教学时，站位要适合。

（6）教师在进行集体舞教学时，可借助标记。

（四）幼儿集体舞的教学建议

1.考虑时间因素

在活动和学习时间上做合理分配，分出层次。找到幼儿注意力最集中的时间点，在此时间段内进行重要部分活动内容的教学，以获得好的教学活动效果；而在幼儿的注意力不能很好地集中时，可采取侧重娱乐性活动内容教学，以轻松的游戏调节方式来把控活动的时间节奏，让幼儿自由地感受放松愉悦的状态。

2.平衡空间因素

在教学活动的不同步骤可考虑采用不同队形，考虑在什么样的空间状态下是最利于集中注意力的队形，或者能够帮助幼儿提高注意力。例如：方形队形是最常见的，在方形队形状态下组织活动内容，教师的组织比较顺手，幼儿学动作的环境比较规整，做动作的空间足够，但在这样一种"半开放"的空间状态下，教师视线之外的幼儿，往往容易游离于活动之外，而且也可能存在前排遮挡看不清动作的问题。为解决这些问题，教师可以在教完基础内容之后，适当变换学习队形。例如：在方形队形基础上前后排插空成散点队形或前后排换排，也可以在练习阶段或分组指导阶段，适当地调整为半圆的队形来进行活动，因为这样的队形是一种"半封闭"的空间状态，也是一种相对集中的空间状态。在这样的空间状态下，幼儿更容易集中精神投入活动，也能很清晰地看到教师的示范动作，与教师更方便地多角度互动等。

3.强化特性优势

在对幼儿的教学活动中，特别是幼儿艺术活动教学，越是新鲜、丰富的东西越容易引起幼儿的兴趣。幼儿集体舞非常符合这一特点，因为它可以设计不同的主题，形式上也丰富多变。所以应利用好幼儿集体舞本身的优势，合理有效地组织幼儿进行学习与活动。

4.注重参与及表达

注重幼儿的参与和表达，教师先拟定主题，然后师幼共同参与集体舞内容的设计和创编。学习的主体是幼儿，因此在幼儿集体舞内容的设计和创编中，教师不能忽略幼儿的存在，要引导幼儿共同参与，采取合理的安排与参与方式，促进师幼合作，共同设计、共同活动。具体可参考如下步骤设计幼儿集体舞的内容。让幼儿在统一主题下，发挥想象力表达自己。在所配合音乐中，让幼儿自由地发挥想象力去感受、去表现，并通过动作来表现自己的想法和感受。在这个过程中，教师不要过多地干预幼儿的发挥和创造，而是要仔细地去观察和记录，用敏锐的观察力去发现幼儿对本主题的表现的特点及一些有特色的动作。

5.教师主导

教师对幼儿的创造动作进行挖掘、整合，统一对集体舞内容进行设计创编。教师自己归纳、整理幼儿在上一个学习活动阶段表达出的动作元素，引用其中有特色的、不同于成人思考设计角度的、符合幼儿身心特点的进行加工，创编完整的集体舞，再加上队形的变化设计和形式处理，就形成了完整的幼儿集体舞。这种幼儿集体舞既符合幼儿的身心特点，又有了幼儿的参与表达，同时不失艺术效果，体现了最好的"师幼合作"。需要注意的是，在此过程中，教师是主导。

（五）幼儿集体舞案例

《小小一粒沙》

本作品的名字是《小小一粒沙》，本作品有两点优势，第一，编导用简单的银丝线手环，塑造出海滩上的沙子在阳光下细碎闪亮的样子，道具运用巧妙。严格讲，编导并没有选择一个题目宽泛或者形象集中的容易创作的题目，而是选择精准运用道具，使舞蹈形象一目了然。第二，本作品的伴奏音乐悠扬动听，深情唯美，我们在编导设计的动作中，能够看到闪闪的沙和深情的小朋友。在这样的音乐启发下设计出来的舞蹈动作优美，可以说音乐为舞蹈增色不少。

《跳舞的女孩》

本作品的名字是《跳舞的女孩》，本作品有三个亮点。一是主题范围宽，形象集中，特别适合舞蹈这种艺术形式。能做到选题准确，是编导创编技术娴熟的表现。二是借鉴欧洲民间舞蹈素材与集体舞的形式融合。这一点很聪明，因为欧洲民间舞就是以交谊性质的集体舞为主要舞蹈形式的，可以说欧洲民间舞和我们幼儿集体舞本身就是"近亲"。三是服饰帮助塑造形象，演员们一出现在舞台上，服饰已经暗示了女孩形象，这一点非常聪明。

《小鸭嘎嘎》

本作品的名字是《小鸭嘎嘎》，本作品有两个优点：第一个是选择的音乐萌态十足，编导用音乐首先把舞蹈浓浓的童趣引发出来，伴随着音乐的是活泼又憨态十足的小鸭子舞姿。舞蹈伴奏音乐非常合适，本作品的编导正是在音乐上做了聪明选择。第二个是本作品作为给小到中班小朋友设计的舞蹈，难度控制得很好。幼儿舞蹈作品要符合幼儿年龄特点这一点编导做得很好，说明编导创编理论吃得透，记得全。有很多同学看完这部作品，觉得有点简单了。对于小班孩子来说，这种简单和有趣，恰恰是最珍贵的。

三、幼师创编集体舞指导

（一）集体舞创编要点

1. 设计动作配合

集体舞的舞蹈性较重，有一定灵活性和多变性的表演形式。它使幼儿的舞蹈动作、队形、位置变化得到初步训练，培养幼儿相互间要有和谐一致的动作配合，加强幼儿统一、整齐的动作训练。

2. 选材对幼儿身心有益

幼儿参加集体舞活动，培养了他们集体主义观念和组织纪律性，使他们在愉快的舞蹈中，树立热爱集体的思想，养成讲文明、有礼貌、团结友爱的习惯。

3. 选择乐曲

要选择短小简洁，多种多样，生动活泼，风格力求民族化、艺术化的幼儿歌曲或乐曲，节奏要鲜明，但不宜过于急促，定调不能太高，歌词应适合幼儿演唱。

4. 设计流动的步法

步法的选用应符合幼儿的年龄特点，一般是一至两个步法或是步法的组合。舞蹈的动作要建立在基本步法上，动作形象、步法应与音乐节奏、情绪相吻合。

5.设计适合的队形

队形不宜繁、杂、多变，应与幼儿的运动量、复合程度相适应，队形、位置的变化在集体舞中是必不可少的。整个舞蹈中要动、静交替，有起伏，有高潮，不要平铺直叙。

6.注意圆圈的运用

集体舞一般要围成一圆圈，大家围在一起，面对面地交流情感，活跃舞蹈的氛围。集体舞的形式为单圈、双圈或其他队形，可有各种队形的变化，还可以交换位置、舞伴等。

（二）各类型集体舞创编要点

1.邀请式集体舞的创编要点

（1）邀请式集体舞通常是围成一个圆圈，面向圈内，分为圈内的邀请者和圈上的被邀请者，邀请舞的编法大致分为4个步骤：①邀请者首先起舞②做出邀请的动作③邀请者和被邀请者共同舞蹈④交换舞伴，重新开始。

（2）邀请式集体舞有各种变化形式。有利用道具（手鼓、彩带）作为邀请的手段，进行编舞的；有表演性较强，有一定的思想性，根据内容编舞的；有同其他形式结合进行编舞的。

2.表演式集体舞的创编要点

（1）表演式集体舞多由统一的舞蹈动作和动作的组合组成，表演性较强，音乐节奏和动作统一完整。大家可以围成一个圈，共同做一致的动作。有两人一组围成双圈，有单圈变双圈，单圈变三人一组等多种多样的形式。

（2）根据歌曲结构进行编排。创编表演式集体舞时应围绕着歌曲的结构和歌词进行。舞蹈构成同歌曲的结构基本一致。例如：歌曲是运用"起、承、转、合"的作曲方法，舞蹈编排时，歌曲变化应该与舞蹈基本相同，编舞应该注意变化的地方。动作设计完全从歌词和旋律中进行创编，以歌词的形象提炼舞蹈动作，根据歌曲节奏进行变化。

（3）根据乐曲风格特点进行编排。这种编法是以乐曲的风格为中心特点进行的。舞蹈编排应与乐曲结构相统一，动作设计根据乐曲风格特点进行创作，从符合乐曲风格的舞蹈中提取动作。队形变化、位置变化同乐曲变化一致，为表现乐曲而变化不同画面。

3. 游戏式、长龙式集体舞的创编要点

游戏式、长龙式集体舞都不是独立存在的，它们同其他形式集体舞相结合。创编要点同上述两种基本一致，只是特点上有所区别。"抓住各自特点"，"体现其特点"即是基本原则。

（1）游戏式集体舞主要把游戏的特点运用于集体舞中，体现游戏的情趣。

（2）长龙式集体舞主要是突出形式特点，形成一条线的队形。

（三）小、中、大班幼儿集体舞元素内容推荐

1. 小班集体舞元素内容推荐

（1）"生活"元素内容

①元素概述。《幼儿园教育指导纲要（试行）》关于幼儿艺术教育的目标中提到幼儿"能初步感受并喜爱环境、生活和艺术中的美"。艺术是幼儿的另一种表达认知和情感的"语言"。幼儿艺术教育应引导幼儿接触生活中的各种美好事物与现象，丰富幼儿的感性经验和情感体验。在幼儿集体舞教学活动中，应该为幼儿提供自由表现的机会，鼓励幼儿大胆想象，运用舞蹈艺术形式表达自己的感受和体验。教师可从生活中寻找设计幼儿集体舞的素材，以幼儿自然、自由的动作表达对自然的简单认识和感受。

②教学提示。教师在该类型元素内容的选择中，可以更加注重开放性、自由性和生活性。大自然与生活中的素材非常丰富，教师应该让幼儿去体会、想象，运用肢体动作去感受这个五彩斑斓的世界。

（2）"动画"元素内容

①元素概述。能够演绎自己喜欢的角色与故事，对于幼儿来讲是一件非常有意思的事。动画片是最贴近幼儿的一种故事形式，会给幼儿带来巨大的欢乐，是幼儿离不开的童年伴侣。吸引幼儿的卡通动画形象和富有变化的故事情节，可以作为幼儿集体舞的元素，经提炼、加工设计成有主题的、活泼可爱的集体舞教学活动。

②教学提示。教师在动画题材的选择上，应注意选择积极阳光的动画角色和有特点、有代表性的情节。积极阳光的动画角色能够培养幼儿积极乐观的精神，有代表性、有特点的动画情节容易引起幼儿的"经验性共鸣"。

2. 中班集体舞元素内容推荐

（1）"童谣"元素内容

①元素概述。童谣是为幼儿作的短诗，强调格律和韵脚，通常以口头形式流传。童谣具有一定的娱乐性和趣味性，对幼儿有良好的教育意义，可作为集体舞的元素内容。可以将熟悉的童谣作为基础线，进行符合主题的动作元素融入。

②教学提示。要求教师引导幼儿共同参与，展开想象，营造画面，去设计动作内容。在没有合适音乐伴奏的情况下，可以尝试让幼儿采用简单又熟悉的童谣，边读童谣边做动作，进行主题集体舞活动创编。让零碎的声音变出韵律，在幼儿自然的童谣声中活动起来。

（2）"诗歌"元素内容

①元素概述。可将适合幼儿的简单诗歌作为动作设计的背景，设计符合诗歌的主题动作内容，让每一个幼儿在丰富多彩的古诗词活动中能诵读、吟唱简单的古诗，用肢体动作来表达诗意，在集体舞中收获古诗与舞蹈的双重体验学习。

②教学提示。在"诗歌"元素内容的幼儿集体舞中，有着非常良好的双重学习活动意义。既让幼儿掌握或温习了诗歌的词句内容，又让幼儿在其意境中舞动，用肢体传情达意，享受舞蹈。在有"诗歌"元素内容的集体舞中，教师注意尽可能地让幼儿简要理解诗歌大意，在此基础上再进行集体舞的活动练习，以达到身心统一的良好活动效果。

3. 大班集体舞元素内容推荐

（1）"芭蕾"元素内容

①元素概述。芭蕾是欧洲的古典舞蹈，优美、高雅的芭蕾舞蹈可用8个字来概括它的特点：开、绷、直、立、轻、准、稳、美。芭蕾是用音乐、舞蹈手法来表演戏剧情节的一种舞蹈形式，既是纯粹的舞蹈，又是戏剧性舞蹈，教师可用芭蕾的基本动作、手位等，以及幼儿熟悉的经典童话故事中的

角色、情节，芭蕾舞剧的简单内容等作为设计元素创编幼儿集体舞。

②教学提示。在"芭蕾"元素内容的幼儿集体舞创编中，教师要注重素材动作的选取不要太难，不要芭蕾技巧的难度部分加入，要注意芭蕾基本内容的练习与融合。

（2）"民族"元素内容

①元素概述。千姿百态的民族舞蹈也是教师创编幼儿集体舞的重要来源。民族舞的内容是与劳动人民的自然生产、地理、历史、人文、风俗等实际生活分不开的，它来源于生活，是我国的文化宝藏，幼儿应当对我们的优秀传统文化艺术有所接触与了解。民族舞内容丰富，教师可针对幼儿学段及各园实际状况选用。

②教学提示。在"民族"元素幼儿集体舞教学中要注意以下两点：第一，动作设计的难易程度要符合幼儿的情况。只用到民族舞的 2～3 个基本舞步，再配合一些简单的摆手、拍手动作和头部的配合动作等。第二，在幼儿的动作体验中，要贯穿民族舞的最基本特点和风格，使舞蹈的主题鲜明、生动。

（3）"古典"元素内容

①元素概述。中国古典舞以训练人的气息、韵律和肢体表现力为特征，而在舞蹈表演中，舞蹈表现力是最不容易掌握的一个元素。中国古典舞融合了中国传统武术、戏曲的动作和造型，讲究的是身体韵律、内在气息以及手眼身法步伐的配合，所以它带来的训练效果是显而易见的，对培养学生的乐感、舞感和动作表现力有着积极的作用，因此也是幼儿集体舞训练中的重要素材内容。可分为以基础古典舞的简单手位、基本动作为素材和以汉唐、敦煌等特色古典舞的基本动作内容和造型为素材两类。

②教学提示。教师在教授"古典"元素幼儿集体舞之前先给幼儿讲舞蹈相关的历史背景故事，引起幼儿的兴趣。因动作节奏较快，教师可先给幼儿练习单一动作，然后再涉及队形的练习。例如：亮相动作造型和集体舞内容中出现的古典舞手位，一定要分解练清楚，再进行整合。

（4）"流行"元素内容

①元素概述。《幼儿园教育知道纲要（试行）》中指出，幼儿艺术教育的目标是幼儿"喜欢参加艺术活动，并能大胆地表现自己的情感和体验"。"流

行"元素内容的素材可选择范畴非常宽泛，包含爵士、街舞、拉丁、踢踏、韵律操等不同风格的流行舞中的简单动作。可以将这些简单动作为素材，经过教师对其进行"儿童化"的设计，形成具有特色的幼儿集体舞。

②教学提示。在选择"流行"素材时应注意符合幼儿的身心特点和性格特点，同时注重内容的流行特色和多元性。在提炼素材后，加入适合幼儿的连接处理及队形变化设计，进行编排，形成主题内容。

（四）集体舞记录法

（1）名称和音乐的记录法与律动和歌表演记录法相同。

（2）跳法。把参加的人数、站成什么队形、面向什么方向、要不要报数，以及某种角色等细节都写清楚。

（3）把音乐（歌词）与动作对照起来写。如果音乐要反复几遍时，在上面必须写清楚第几遍音乐，或唱第几段歌词。

（4）动作的写法同律动。如果是邀请舞，要写清楚邀请者和被邀请者。如果一对舞伴动作不同，则在同一节音乐中写清不同的动作。

（五）幼儿集体舞案例

《两只小象》

下面我们将赏析两部幼儿集体舞作品。这两部作品有一个共同点，就是主题相同，名字都是《两只小象》。两位编导虽然创编主题"撞车"，都选择了《两只小象》，创编体裁也"撞车"，都选择了集体舞，但是从具体的动作创作到对队形设计再到头饰都风格迥异，所以塑造出来的小象的形象，很不一样。看得出两位编导完全是按照自己的思路去理解这个主题，这点非常好。两位编导都能熟练驾驭集体舞的创编技巧，如交换舞伴，舞段完全重复，集体舞要能够无限循环。在"幼儿集体舞的形式"这一部分，列举了6种幼儿集体舞的形式。两位编导分别选择了不同的形式进行创作。第一位的创作形式靠近第4种形式"分散不成队形，找到舞伴就跳，跳完再去找"；第二位的创作形式是典型的轮舞形式。我们把这两个同样主题的舞蹈放在一起欣赏，希望同学们能更加清晰地认识幼儿集体舞究竟是什么样子，认识清楚以后，我们再去教、去编。

参考文献

[1] 孙天路.中国舞蹈编导教程 [M].高等教育出版社，2004.

[2] 黄式茂.幼儿舞蹈教学指导 [M].上海：上海音乐出版社，1990.

[3] 陈晓芳.幼儿园舞蹈教学活动设计与指导 [M].北京：北京师范大学出版社，2015.

[4] 金秋.舞蹈欣赏 [M].2 版.北京：高等教育出版社，2010.

[5] 黄艳芳.职业教育课程与教学论 [M].北京：北京师范大学出版社，2010.

[6] 丁海东.幼儿园游戏与指导 [M].北京：高等教育出版社，2013.

[7] 刘旭光，王丹丹，沈洋.中文版 Flash CS6 动画制作案例教程 [M].镇江：江苏大学出版社，2014.

[8] 蔡艳.幼儿舞蹈创编 [M].北京：高等教育出版社，2015.

[9] 张立新.教育技术的理论与实践 [M].北京：北京师范大学出版社，2015.

[10] 李少梅.学前教育原理 [M].北京：高等教育出版社，2016.